三毛人间倦客

SANMAO RENJIAN JUANKE

竹雪芹 著

图书在版编目（CIP）数据

三毛·人间倦客 / 竹雪芹著. —太原：山西人民出版社，2012.6
ISBN 978-7-203-07664-3

Ⅰ.①三… Ⅱ.①竹… Ⅲ.①三毛（1943~1991）—人物研究 Ⅳ.① K825.6

中国版本图书馆CIP数据核字（2012）第100306号

三毛·人间倦客

著　　者：	竹雪芹
责任编辑：	翟丽娟
装帧设计：	谢　成
出　版　者：	山西出版传媒集团·山西人民出版社
地　　址：	太原市建设南路21号
邮　　编：	030012
发行营销：	0351-4922220　　4955996　　4956039
	0351-4922127（传真）　　4956038（邮购）
E-mail：	sxskcb@163.com　　发行部
	sxskcb@126.com　　总编室
网　　址：	www.sxskcb.com
经　销　者：	山西出版传媒集团·山西人民出版社
承　印　者：	山西出版传媒集团·山西省美术印务有限责任公司
开　　本：	890mm×1240mm　　1/32
印　　张：	10
字　　数：	200千字
印　　数：	1-6000册
版　　次：	2012年6月　　第1版
印　　次：	2012年6月　　第1次印刷
书　　号：	ISBN 978-7-203-07664-3
定　　价：	25.00元

如有印装质量问题请与本社联系调换

序言

好文章如丽人出行

韩石山

日前,几个朋友在一起小聚,多非文学界人士,却不能说于文学全系外行。酒酣耳热之际,一位年岁已然不小的朋友突然对我说,韩兄,你能不能用一句简单的话,说清什么样的文章,才算是好文章。这真叫我作难了。原本是上一堂课也未必能讲清的事情,现在要一言以蔽之,我的尴尬可想而知。说呀,说呀,这老兄竟较上了劲儿。我只好说,老兄爱美女,且以美女喻之,好的文章,应当是:如丽人出行,身佩琼琚,仪态万方而叮当有声。

举个例子吧,仍是不依不饶。还是喝酒吧,我只有搪塞。不是不成全人,实在是一时想不出合适的例子。

这两天,看竹雪芹小姐的书稿,名为《三毛·人间倦客》,尚未看完,忽想起前两天酒桌上的事,由不得轻轻一拍桌子,嗨,若事先看过此书稿,当时便会大喝一声:竹雪芹小姐的文章,就是一个绝好的例证!

只看书名,便知这是一部写三毛的书,写她悲情的一生,或者说是一生的悲情。那么,该是一部传记了?否;该是一部研究著作了?否。约略地说,是一部解析三毛的书,又是一部聚拢三毛的书,更是一部用三毛式的智慧应对三毛的书。

说是解析三毛的书,是因为年轻的作者,一针一针都扎在了三毛生命的穴位上,没有从生写到死,却处处有她的生,有她的死。说是聚拢三毛的书,是因为三毛的文章,多系单篇之作,未免零七八碎,而我们的作者,熟烂于心又别有会心,娓娓道来,浑然一体。至于说,用三毛式的智慧应对三毛,乃是因为,书中处处有三毛的身影,也处处有作者的身影,一大一小两个女子,似乎在攀谈,在交心,实则是在对决,在斗智。

书中每一个命题,既是包容的,也是绽放的。这绽放,不止是旁征博引,恣肆汪洋,而是将自己的人生经历,朋友间的聊天,甚至母亲的责难,信手拈来,增添谈兴也增添气韵。

谈自己经历的。比如第二章《写作的女人》有一节,引用三毛的话:"我的功课不行,数学考零分,唯一能做得好的只有国文,我的作文好,小学五年级时参加演讲的演讲稿就是自己写的。"接下来,作者说:"这段话确实蛮感动我的,原因我也曾把玩过这样的人生。比如在数学考卷的答题卡上留下一首长长的诗(而且这种癖好,几乎从初中开始就跟了我一学期)。"千万别以为只是这么一句插话。接下来她说了怎样在考卷上写了一首名为《雨夜》的诗,且引了其中的两句。老师看过之后,"很开心地找到了我……对我的诗一说一个准",自己又怎样狡辩,"于是老师也大怒,但总算也是喜欢我的……就再也不在考卷上'作诗'了"。

请来朋友帮衬的。第二章中一节,谈到三毛的写作天赋,"打小学到现在投稿没被退过"。接下来说,"一个作家也是需要精神支柱,小时候获得相关的奖项就是最直接的支柱"。趁便说到自己与作家苏童的一次面对面的交谈。引用了苏童说的一个喜欢文学的人,少年时期的三个特点。其中第三个便是,年轻时"所写作品得到了身旁好友或者师长的认同与支持"。

母亲的责难。也在第二章里,谈到三毛读书有个习惯,"手痒,定要给书批注批注",先说"写到这里也能看出三毛读书的时候,时常喜欢在自己的书上用笔注解一番。同时,这段文字还引申出另外一种暗示:那就是作者的敏锐与天赋不全是与生俱来的。但它确实是成功上十分重要的一关键所在"。接下来说,她也有这样的习惯。"就这个问题,我的母亲还时常取笑我。有一次,她在翻阅我的书籍时发现我的一部分书上留着圈改过的痕迹(这中间不排除白字的修改)。虽然母亲不赞同我的这个做法,可我这样做,从另外一个角度来讲正是因为我对这本书的重视程度。"更妙的是下面这段话语:

最后我从那一大叠的书里面找到了答案,原来它们也像那些后宫的嫔妃一样,一旦得宠就会"伤痕累累",假如连施宠的痕迹都没有过的书籍,它不是白皙干净得毫无污染,就是这种白皙干净像漏风的口袋一样,仅仅是"两袖清风"。当然,这也不是随意在书上乱写,而是在那些重点符号的旁边,工工整整地蹲着几处注解。

后宫嫔妃,伤痕累累,看到这些词语,我不由得会心一笑。真是个刁钻的女子,亏她能想得出!

至于那种两人交心也斗智的话语,书中随处可见,就不必举例了。说说感觉吧。一时间仿佛在看京剧《沙家浜》里《斗智》一场戏。毕竟是两个女子的斗法,多的是心灵的碰撞,不会有那样多的暗箭明枪。

这样的透辟,这样的张扬,这样的深邃,又这样的丰厚,你说,还不是如丽人出行,身佩琼琚,仪态万方而叮当有声吗?

2011 年 3 月 2 日于潺湲室

独特的解谜方式

——竹雪芹《三毛·人间倦客》序

谭延桐

风徐徐地吹……这风,柔中带刚,把我的思绪一下子带到了1991年的那个冬天。三毛的生命,就像一片雪花一样,融进了大地。准确地记得,那天是1月4日,"14、一死",这谐音阴气十足,很不吉利。

"也许死亡并不是一种结束,而是另一场出发。"三毛在她48岁那年,以她特殊的方式,出发了。于是,20年后,有了竹雪芹的这些文字的出发。这些文字的目的地,显然是我的灵府,你的灵府,一个又一个灵府。我们的灵府,以一种托举的方式,承接着……就似乎,稍不留神,被竹雪芹的这些文字包裹了又包裹的三毛的魂就会碎在地上。

风徐徐地吹……

吹来了竹雪芹的这部《三毛·人间倦客》。它在我的邮箱里等了又等……我迟疑了又迟疑……终于算是平静了下来。最主要的原因还不完全是因为我忙,忙得像个飞速运转的陀螺;最主要的原因,实在是……我不忍轻易去碰触岁月中的一个大大的伤

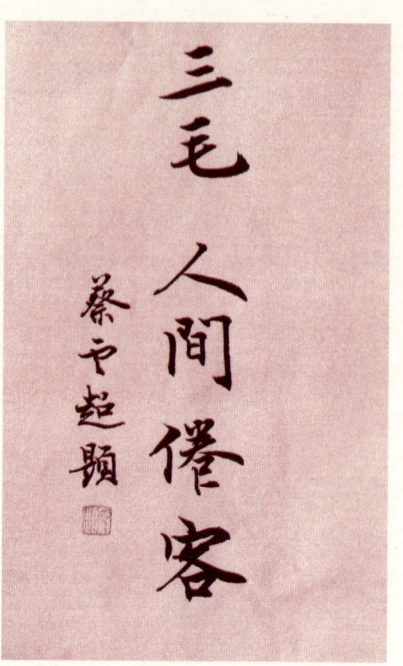

疤。三毛给我们留下了一个大大的伤疤,就走了,只让我们守着这个大大的伤疤。只要轻轻一碰,本就鲜活的一个伤疤马上就又变得愈加鲜活。可我终究要看,因为我答应了竹雪芹的。何况,还有三毛的魂在等着。

等着……就像歌词在等着旋律……我的心再次柔软了起来……比雪花还要柔软……

风徐徐地吹……"那声音是这样唱的:她渴望用你的悲伤来打听我……"不不,我只渴望,用这本书来打听竹雪芹的凝神、凝视与凝思。这本书的四面八方,全是竹雪芹的凝神、凝视与凝思。

爱情，流浪，写作，率性，勇敢，叛逆，迷乱，浪漫，传奇……这些在三毛身上被放大了的元素，被竹雪芹一一抓住，并且抓住了就不放。以往我看过不少这类的书，大都是在讲故事，讲自杀者的故事，就似乎自杀者的故事只有讲述者自己知道得最清楚似的。竹雪芹不，在这本书里，竹雪芹做了一次反拨和颠覆，就像三毛一生都在反拨和颠覆一样。

被扭曲的女作家太多，沽名钓誉的女作家太多，随着影响的越来越大变得面目全非甚至面目可憎的女作家太多，三毛不是，三毛一直都是自自然然的作家，纯真的作家，特立独行的作家。竹雪芹遵循了这个含义。嗯，这很好，非常好。

三毛曾给胡品清教授留下这样的印象：一个令人费解的、拔俗的、谈吐超现实的、奇怪的女孩，像一个谜。竹雪芹无疑是在解谜。她解谜，自有她自己的独特的解谜的方式，比如结合自己，用议论的方式："很多地方是我去不得的，但我想去，这是因为我们需要对生命进行一种探究。即便去过，不了解有所不同，也能清楚地看见外面的世界跟里面的没什么两样"；"我是个一旦有感觉，就会消失去写作的人。或许抓住它的手臂，只为证明我热爱生命，我想你也是"；"这里的雨声是三毛内心的声音，是一些破碎的记忆从她的心里慢慢苏醒"……还比如结合朋友A、B、C，也是用议论的方式："A说：'看起来那些明星很抢眼。'B说：'正是因为你对他人的生活不了解，才会有这样的看法。'

C在一旁笑"……甚至借乌拉圭女诗人克里斯蒂娜·罗西的话来解谜:"写作不属于女人,当她们拿起了笔,也就害死了自己";借法国精神学家拉康的话来解谜:"潜意识的结构是语言。语言是人在潜意识内已经成型的东西,这种东西就被称之为'思维',如何有效地捕捉思考的精髓,是作文过程中最为关键的。"……这样的解谜方式,是全方位的,立体的,全息的,周至的。我知道竹雪芹肯定是爱上了这种解谜的方式,至少在这本书里是这样。"我这个包,从十一二岁开始就一直背在身上不离不弃,直到现在我还背着它。然而我过去是一个人,现在还是一个人……"竹雪芹既是在翻三毛的包也是在翻三毛这个人。翻着,翻着,竹雪芹就翻出了三毛的痛,是隐痛,并且说:"这种痛不全来自于身体上的疾病。而是身体之上的,建筑在精神领域的痛苦,是她内心的疾苦与洪流。"

　　博采,梳理,打量,甄别,思考,抽绎……这样就决定了,竹雪芹不可能会让她的思绪只停留在事件本身的长度或现象本身的维度上,她不想让自己的解谜方式显得那么单一和乏味。

　　三毛说:"孤独的心,在寻寻觅觅中,总也找不到自己,等你找到了,宛如一片洪荒……"竹雪芹说:"你的话讲得是多么感慨,浓烈的内心压力像气压一样在身体里膨胀。我曾向母亲介绍了你,她对你的感觉很好,也和我一起摘抄了不少经典的妙语。然而,我不知道我们这样的做法是不是徒劳。可是时过境迁,当母亲再度翻阅你留在她笔记簿上的言语时,她郑重地对我说:'这是个受着强大压力的,且无法承受生命之重的女人。'我一时惊呆了,想来却也是有道理的。"

"我喜欢的男性素质中,智慧应该占第一位。可是在另外几方面我的要求绝对严格,那就是道德和勇气。"竹雪芹引用了三毛的这句话。引用自然也是有折射的,一是折射了三毛,二是折射了竹雪芹。这样的折射,很是不俗。这也就注定了,这本书的不俗。准确地说,是超尘拔俗。

你明白了,书中用了渲染。即使我不说你也知道这些文字究竟渲染了什么。"母亲说从她的文字上来看,这个女人很痛苦";"我的一位朋友姓白,说起她的爱情和三毛在情窦初开时发生的爱情故事差不多。她告诉我,她可能喜欢上一个从监狱里出来的人。我的眼睛撑得圆圆的,表情也很惊讶,但她依然说,世界上并不是什么事情都不可能发生的。我这才点点头,看着她";"在从杭州回台湾的飞机上,一位西方旅客问我:'刚才死活抱住你不放的,是你的什么人?'我说:'都是我的朋友们,在中国的。'他说:'你的朋友可真多,他们一群人都在哭,好像很舍不得你。'我答不出来,心里却很满意"……

自然也用了联想。"就这个问题,我的母亲还时常取笑我。有一次,她在翻阅我的书籍时发现了我的一部分书上留着圈改过的痕迹(这中间不排除白字的修改)。虽然母亲不赞同我的这个做法,可我这样做,从另外一个角度来讲正是因为我对这本书的重视程度。最后我从那一大叠的书里面找到了答案,原来它们也像那些后宫的嫔妃一样,一旦得宠就会'伤痕累累'……"这是联想到了自己。"就这问题,我曾经面对面地问过苏童。他给出的答案有三点:第一个,一般喜欢文学的人,他的童年都比较保守而且沉默,年轻时所接触的生活与其作品的成长是息息相关的……"这是联想到了别人。这样的联想,使得竹雪芹的这本书更加开阔,是敞开式的而不是封闭式的。

更有理性的认知。"叔本华在他的论著《自杀与死亡》的文章里曾经写到过自杀者的动机。他认为一般情况下,人对当下生活的恐惧压倒了对死亡的恐惧时,人就会结束其生命。但当人类出现巨大的肉体痛苦时,我们所关心的只有肉体上的康复问题,而对其他的一切痛苦都无动于衷。同时,精神上的创伤也使我们对肉体的痛苦麻木不仁。后面他又作了一个假设:假如,精神创伤压倒一切痛苦时,它就会变成一种有益的缓解,成为精神创伤中的一个小片段。正因为如此,自杀反倒变得轻而易举了。"真正会写书的人,都会上升到这样的理性认知,以剖,以析,以思,以辨。竹雪芹做到了,因此,这时候竹雪芹就变成了一个哲学家,并用她哲学家的口吻继续说:"自杀者是对个别现象的销毁,而不是对自己或者美好前景的销毁。"如果说三毛是由于压力过盛而自杀,竹雪芹则是由于思想繁茂而思辨。

意料之中,纪伯伦出场了,帮着竹雪芹在思辨……出场正是时候,因为这时候竹雪芹说到了"爱"。评之,论之,也便在情在理。

很好,竹雪芹没有让自己变成一个记录员。记录员,我们从来都不缺,只缺思考者。很显然,竹雪芹是在重新思考三毛。

很好,竹雪芹没有停留在只记只叙上,而是夹叙夹议,甚至也议也论。因此,它才有了感性的饱满的血肉,也有了理性的硬朗的骨骼。有形象,这些文字;有支撑,这些文字;立得住,这些文字;会行走,这些文字。

你再看,看它的行走——

"将来长大了,去做毕加索的另外一个女人。急着怕他不能等,急着怕自己长不快。"竹雪芹没有漏掉这样的细节。这样的细节,才叫典型细节。恐怕,这样的细节最能反映三毛的率真的性格了。竹雪芹接着这样写道:"长大以后,她为自己的这个心愿付诸了行动。在丈夫荷西去世以后的几年里,她独自流浪过54个国家之多的陌生地域。其中就去了毕加索到过的地方——巴黎。同时,在卢浮宫里,站在心爱的人的画作之前,久久出神的,就是三毛。"读到这里,我也在久久地出神……然后,听三毛继续说:"他在法国的那幢古堡被我由图片中看也看烂了,却不知怎么写信去告诉毕加索,在遥远的地方,有一个女孩子急着长到十八岁,请他留住,不要快死,直到我去献身给他。"再然后,听竹雪芹继续说:"好成熟的一个女子,想当今社会也没有几个能像她这般直白而率真的人存在吧。她后来又说,这一生,由画册移情到画家身上,只专情地对待过毕加索一个人。然而没等到见到他,他已经于1973年4月8日逝世"……不真实的事情三毛写不来,竹雪芹也写不来。在竹雪芹的这本书里,我们看到的全是真实的境况。真实,真挚,真切,"修辞立其诚",三毛做到了,竹雪芹也做到了。文之躯是好的,这是因为文之心是好的。可谓,行走得仪态万方,如自由的风。

"过去我对她的理解并不深刻,从开始知道三毛,到去大型的图书馆借阅她的书时,常常是出于大众对她的欣喜或者她已有的名气,去翻阅她那些既浪漫又感性的文字。我并不太喜欢这些带有小资情调的文字,在她的作品中我更偏向后期出版的《三毛全集》中的文字。因而那是她作为一个吃苦的女人写下的人生的真谛。"你看,竹雪芹也有审视呢,至少竹雪芹是醒着的。也只有一颗醒着的心才能在打量之下摆脱依附。因此我就说,这本书是客观的,冷静的,有新意有深意的。

没有思考,文字就不会有芬芳。竹雪芹的这些文字之所以芬芳四溢,首先是源于她的思考。与其说她是在写三毛,不如说她是在思考三毛。在竹雪芹思考三毛的过程中,我并没有忽略竹雪芹的细腻的心思和细腻的笔触。叙述的韵味,议论的慷慨,一次又一次地敲打着我的心,我的心时而像小鼓,时而像小锣,声响不一,节奏也不一,形成了和弦。旋律有织体,竹雪芹的这些文字也有织体,我再次确信。

"如果选择了自己结束生命这条路,你们也要想得明白,因为在我,那将是一个幸福的归宿。"有竹雪芹这样的透彻的理解和深切的缅怀,我想,那定是一个幸福的归宿了。至少,幸福的归宿莫过如此。

风徐徐地吹……

三毛的众多文字中,竹雪芹最爱《说给自己听》这一篇。其实,我在想,竹雪芹既是在说三毛,也是在说自己,说给自己听。要不,竹雪芹也不会说得这样自然、漫卷、悠远。说着说着,就让人感慨万千。"假如她的人生没有这些信念的支撑,我们的三毛可能早就不复存在了。"换一句话说就是,假如竹雪芹没有写作的信念做支撑,竹雪芹的这些文字可能早就不复存在了。没错,我看到了"信念"这两个字,在闪光,不仅仅是在竹雪芹的这些文字里。

看上去,竹雪芹和三毛似乎是完全不同的两种类型的女子和作家,其实不是,她们骨子里是一样的,一样的仁爱,一样的纯真,一样的智慧,一样的美好。也正是因为这样,竹雪芹才对三毛有了非凡的透视和把握,我们才读到了一个血肉丰满、思想丰盈的三毛。无疑,这是我读到的关于三毛的最别致的一本书。

假如说三毛是一个"像空气一样自由的人",那么,竹雪芹的这些文字便是像空气一样自由的文字了。自由,才能自在。是的,这是一些自在的文字,是"自在体"。

猛地抬头,我看见,"橄榄树"上挂满了竹雪芹的泪滴……我只愿,我的这些像纯棉一样柔软的文字能为竹雪芹揩去心上的泪滴。

读着,读着,就读到了竹雪芹的后记。竹雪芹在她的复调一样的后记里这样写道:"声音,成了这个世界上第一个走进我生命的物质。"当三毛的独特的声音走进竹雪芹的生命后,竹雪芹又用完全属于她自己的声音说着说着就把星辰也说了出来,直到这时候我才愈加坚信,声音之于一本书是多么重要。是应该容下这本书所发出的独特的声音的,我的灵府,你的灵府,一个又一个灵府。

竹雪芹的文字犹如风,徐徐地吹,徐徐地吹……

"她活得很出色,很带劲。她将自己最带劲的点连接成虚线给人看……"竹雪芹的这本书其实也是,肯定是。它有实线有虚线,实线和虚线连在一起,便成了一幅立体的画面。

2011.3.19.南宁

目录

序　言

好文章如丽人出行 …………………………… ／韩石山 001

独特的解谜方式 ……………………………… ／谭延桐 005

第一章　是非成败转头空

1.俗尘之上的三毛 …………………………………… ／002

　　有一位心理大师曾经说过，女人是需要被爱得更多的人，她们希望获得更多的爱，而不仅仅满足于单纯的施予。人生就像一张华丽的网，经不起岁月的蹉跎，它不需要明确的方向，也没有必要看透，如计算公式那样具备线段感而迷人。

2.乱世中的和平乱事 ……………………………… / 008

1974年，一个让年轻人错过的年份，甚至会有更多的人从而错过；可我们走近，愿拨开它的帷幔，轻轻浮动沙漠中一段永恒的往事。三毛与荷西在撒哈拉沙漠结婚，1979年荷西意外去世，这对历经考验终成眷属的情人，却在5年后的某一天，相续离去。

3.相爱终短相聚亦难 ……………………………… / 015

我们曾经都因为艳丽的玫瑰划出热血，我们知道所拥有的不曾是眼前的人。我们热爱以往事的速度读出你的白发，我们牵着彼此的手以示挚爱，原是要成双才完满如诺言。她的爱曾是震撼心灵的剧痛，因此她割腕自杀过，缝了28针才保全性命。

4.荒诞与真实——你对我的实话有意见吗 ……… / 021

然而这对于三毛来说，人生最后悔的也许不少于三件事。第一件事，是她成为了女人；第二件事，是她成为了写书的女人；第三件事，是她成为了出名的

女人。这世界预言就像 DM 单，每个人都在传递相互封锁的信息。

第二章 写作的女人

1.笔下三毛之"鲜活与虚构"之比 ………………… / 034

人生本不是长久的一回事，人若能将美满的事情持之以恒，便是美德。张爱玲说："于千万人之中遇见你所遇见的人，于千万年之中在时间的无涯的荒野里，没有早一步也没有晚一步，刚巧赶上了，那也没有别的话可说，惟有轻轻问一声：噢，原来你也在这里？"

2.书中拾荒——三毛读书记 ………………… / 038

三毛对书的钟爱就是一种信仰，也是一种生活的滋味。但凡生活在中国这块土地上的华夏子孙，无一例外地在其性格深处都或多或少地崇拜宗教。国外也是一样的，一个国家若没有了自己的信仰，离毁灭也就不远了。

3.写作是误打误撞的事 ………………… / 046

三毛说："我的写作，完全是游于艺。是玩，就是玩,写完了,我的事情也了结了。我从没想到会有这么多的读者,也很少想到稿费,但是文章登出来,看排版铅字就是一种快乐。我之所以写作也只是有感而发,我的文章也就是我的生活。"

4.写作不难 ………………………………… / 058

一般初学写作的人往往着急写出来,酿的时间不够,就会涂涂改改,总也难以使自己满意。多看书固然是好事,可是看见他人写得如此深刻而自己不能,也是会丧胆的。例如我自己便真的丧胆了,越看越不敢写,不过我情愿不写,也舍不得不看好书。

5.一生最爱不能知,惟有隐身如文 ………… / 062

当我走上文学的道路,甚而感知不是自己所能自持的。我也许放弃了我一生中最爱的东西,抑或最爱就是不可取,以至于把对他者的深爱转换为起初最本真的想法,那就是:放下画画,去写作的道路上行走。

6.不真实的事情我写不来 ………………… / 073

如果有一天,你们不知道我将要去这世界上的哪个角落,而且你们没有看到我发表的文章,那是因为我又要走了,也许你们会说:"三毛不肯写,因为她不肯写假话。她要写的时候,写的就是真话。当她的真话不想给你知道的时候她就不写了。"

第三章　命在两重天

1. 为自己的出征续缘 ················· / 082

我一时惊呆了,想来却也是有道理的。母亲说从她的文字上来看,这个女人很痛苦。也是因为历经许多,才会对生命有这么强劲的认知,包括友谊、爱情和宗教,这该是她人生中最重要的三部曲了吧。

2. 生命不能承受之轻 ················· / 089

过去我常常呕吐,身体里不只是胃在翻腾,好像全身的内脏都要呕出来似的,疯狂地折磨着我。呕完了中午吃的东西我开始呕清水,呕完了清水吐黄色的苦胆,吐完了苦水没东西可吐的时候,我就不由控制地大声干呕起来。

3. 论生命之完结 ··················· / 106

也许我们难以忍受面临肉体的痛苦时,不惜以生命的代价去消灭它。实质上,每一个自杀者都是希望好好生活的，他们只是为了消灭眼前那一瞬的痛苦而做出了对生的反抗。事件本身证实了，一切美好的事物都经不起持久的破坏。

4.论三毛的幸与不幸 .... / 113

男人的爱情不是从初恋开始，就是中年时候的爱情最真实。他们在那个时候或许才理解，婚姻中应找一个怎样的女人做妻子。他们看上去再也不会头脑发热，却有可能为一只蜜蜂的动静而感到惊喜，以至于难以抵制，在婚姻的平衡中失去重量。

5.论梦幻之梦与现实生活 .... / 122

一提起梦幻，就会有人把它和孩童时期的幻想连接起来。时而，幻想也可以是大人的事。一个将爱情看得太重的人，往往倾向柔软。它可能不存在过激的伤害，却在心灵之间架起一条巨大的沟壑。爱情是这世上最神圣而又最不值得一探究竟的情感。

第四章　梦中的橄榄树

1.流浪永远是你的主题 .... / 132

在每一次流浪之前她都会告诉我们：亲爱的朋

友,不必再给我写信,现在我就可以告诉你,我要走了。回到我的家里去,在那儿,有海,有空茫的天,还有那永远吹拂着大风的哀愁海滩。这里可以看出,在三毛的世界里精神是高于一切物质产品的。

2.领悟的结局与人生 ……………………… /141

"世上的人都喜欢看悲剧,可是他们也只是看戏而已;如果你的悲剧变成了真的,他们不但看不下去,还要向你丢汽水瓶。"这才发现:所有结局和人生其实是一段距离上的两个不同的端点,它们让世界低了一截,而这种低不算是悲剧吗?

3.美丽人生只是四个字 ……………………… /147

一封留给张曼娟的信中写道:"很久以来,一直想跟你说,妹妹,这条路,我们都在走,旁人如果批评我们,你得分析一下他们的心态,就不会再默默忍耐、委屈,甚而感到孤独。"

4.万物静观皆自得 ……………………… /151

三毛常说:"万物静观皆自得。"这不是没有道理的话,过去人们生活在山水与田地之间,他们抱怨恶劣的天气,常常会使自己的辛苦白费周折。实际上谁都不能去阻碍事物间产生的衍变过程,这里也包括万物。

5.云深不知处,哪晓风云驻 ……………… / 156

我的一位朋友姓白,说起她的爱情和三毛在情窦初开时发生的爱情故事差不多。她告诉我,她可能喜欢上一个从监狱里出来的人。我的眼睛撑得圆圆的,表情也很惊讶,但她依然说,世界上并不是什么事情都不可能发生的。我这才点头,看着她。

6.那个名叫"舒凡"的男孩 ……………… / 160

惯于理性思维的男性,若是正巧遇见了对的人,不用多说他也会早早地为她安排好,避免伤了这份情。谁都知道在感情面前,容易受伤的总是陷入的那一个。而梁光明并不了解她当时那份慌乱的心情,他不是她,不能体会一份感情到深处时难舍的困境。本该两个人承担的后果,现如今要三毛自己来面对,她怎么可能承担起一个虚无缥缈的回忆呢?

7.杭州,杭州 ……………………………… / 168

在从杭州回台湾的飞机上,一位西方旅客问我:

"刚才死活抱住你不放的,是你的什么人?"我说:"都是我的朋友们,在中国的。"他说:"你的朋友可真多,他们一群人都在哭,好像很舍不得你。"我答不出来,心里却很满意。

第五章 爱情之上的悲情三毛

1.梁光明之恋 ·················· / 176

有些话有些人我们一生都在错过,唯一不灭的是心中那暗涌的低潮,它们执意流经一条委婉而曲折的道路,将那爱情的打击依次递交给青春。三毛执意离开学校,避开了家乡。她买好机票去门口等着梁光明出来,内心是存有幻想的——请他留下。

2.爱到深处情自浓 ·················· / 181

我始终认定,爱是人类唯一的救赎,它的力量超越生死。我始终感性,愿交还上帝赐予的一切乐意,彼此渗透的魔力,从骨髓中嵌入。我相信有些记忆会被覆盖,而另一些将理成片段折射到胸壁的某块洼地,白光凸起,这是岁月的穿刺。

3.荷西之恋 ·················· / 191

"我与荷西相识的时候,他整整比我小 8 岁,但他却是那么的喜欢我。就在我又一次离开家乡远上西班牙的时候,我们再次见了面,这一次我们定下了婚约而且很快就在撒哈拉沙漠定居、结婚。那从沙漠里捡来的第一份礼物是荷西送我的骆驼的头骨。"

4.让爱的余波燃烧我的痛楚 ························ /200

在欲望中,人都藏着一只会唱歌的舌头。它们具备优势,引导人们听见各类褒贬的词义。眼睛就会忽然地关闭,是看不见的死亡的裂缝。爱情,一种被打造出来的岩浆似的尤物,在圣洁的殿堂上启开一颗钉子,写着痛,写着欢喜。

5.我不想说出我的忧伤 ···························· /212

我本不该写出这么多忧楚的文字,令那么多读者意识到三毛是一个存在的并且具备一切神话色彩的幸福女人。"其实你们都被我骗啦!"而后来,将故事情节愈演愈烈的三毛自己都无法摆脱这种生命的重负,她对最好的朋友说"我真的累了",可我不想说出我的悲伤。

6.王洛宾之恋 ·················· / 216

"万里迢迢,为了去认识你。这份情不是偶然,是天命。没法抗拒的。我不要称呼你老师,我们是一种没有年龄的人,一般世俗的观念,拘束不了你也拘束不了我。尊敬与爱并不在一个称呼,我也不认为你的心已经老了。"

第六章　三毛与她的朋友们

1.三毛和张爱玲 ·················· / 222

三毛倾慕张爱玲到了无以复加的地步。她在写给贾平凹的最后的信中,曾这样写道:"今生阅读三个人的作品,在二十次以上,一位是曹霑,一位是张爱玲,另一位就是您了。深深感谢。"

2.三毛和席慕容 ·················· / 229

她们同为艺术的创造者。三毛喜欢画画和收藏,但画画更是席慕容擅长的本行。她们也同样热爱大自然,善于歌颂与捕捉最新鲜的自然界。她们将自己的真实生活记录下来,用那颗敏锐的心去观察人生中一切静待的事物。

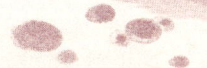

3.三毛和琼瑶 .... /235

琼瑶:"我和三毛是很好的朋友,三毛在遇上生命难题的时候第一个找的就是我。"她多半在午夜给我电话,一说总是好几个小时。她说她很累,很想从大众眼里的"三毛"这个角色中脱离出来。

4.三毛和朱天文 .... /240

我妹妹朱天心有个好友叫三毛。她是从《联合报》副刊登的《中国饭店》开始关注三毛,而认识三毛却要到三个月前的《联合报》小说奖颁奖典礼上。1977年三毛曾写过一封长信给天心。

5.三毛和贾平凹 .... /242

我相信在这里贾平凹本人是最有发言权的。他们还没有见面,三毛却死了。虽然我们总是把生活理想化,而实际上痛苦却能战胜生命并取代往昔以来一直美好的东西。这次失约也许是两个大家之间的遗憾,却也是一段很美、很美的留白。

6.众人眼中的三毛 .... /254

她是一个用行动生活,用生活写作的人,除去身体的流浪,她的精神从未停泊过。但她的包袱变得越来越重,重到难以抵挡别人对她的谈论。而距离她创造"三毛"这个沙漠奇葩的形象,至今早已面目全非。

7.20 年,她在人们心中 .... /259

她在人们心中,一个完整的形象始终不会离去。每个人一生都在成长,我们看三毛就好像在翻看昨天的自己。2011 年 1 月 4 日,三毛逝世 20 周年,我们依然没有忘却,是因为今天的社会依旧渴望真诚。

后 记

成人生活 .... /264

事物的开头永远是难以预料的,有些事明摆着应该翻过来看而我们却读不出来。还没想过,我却是随着人潮涌来的第一个人。我睁开眼睛,看见的是模糊的天花板以及昏暗着的灯光。声音,成了第一个走进我生命的物质,我知道在不久的将来,我将以主人的身份喊出:妈妈。

雪芹絮语 .... /285

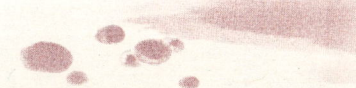

第一章 是非成败转头空

1 俗尘之上的三毛
2 乱世中的和平乱事
3 相爱终短相聚亦难
4 荒诞与真实——你对我的实话有意见吗

俗尘之上的三毛

夜来多梦,又正值暝雨季节。天气不准,时光已悄然游开去了。等我回过神来,方才知晓天外有片彩霞早没了踪迹。我故想起一友,邀我畅谈三毛之说,虽有心动却没有丝毫之力助我神来一笔。

后简作下文《俗尘之上》,对三毛的形象逐一进行了回顾。

作家司马中原曾评价三毛说:"读她的作品,有如发现一个由生命所创造的世界,像开在荒漠里的繁花一样,她把生命高高地举在尘俗之上,这是需要灵明的智慧和极大的勇气的。"

而三毛的确是个勇敢的人。从她的经历以及坎坷的一生来看,她的作品不时会将自己的影子带进故事中去。别人可能在书写的时候运用多种技巧来掩盖生活中的自己，而她，特别是在早期作品集中，不但把自己的生活暴露给人看，还会对自己的所作所为进行批判。这种写法，也许能帮助自己更好地把握自己，但它一定不是最好的选择，其作品的结果就会产生两种可能：第一种是拯救了自己，第二种则是解救了读者。

她的作品对20世纪六七十年代的人影响最深，这其中就有一件事情最为突出。曾经有一个女孩去听她的讲座，在这以前那个女孩就已经给三毛写过几封信，并在信中对她说，自己因为升学压力大而想自杀。那时候她主持一个情感栏目，很多人会向她提出一些尖锐的问题，而今天她再想起这件事的时候，是在一个讲座上。

这个要自杀的女孩在信的后半截说，后来因为读了三毛的书，这种轻生的念头就完全打消了。那时候《撒哈拉的故事》在大陆一经上市，就掀起一股狂热的情感风暴。因为三毛找了一个英俊的外国老公，因为那个叫荷西的人，使这个女孩对生的渴望有了一种新的认知。不但如此，她后来发现人能活下去是幸运的。她感谢三毛的感情生活，给她带去了无限的信心和无限的盼望。只是好景不长，当她得知三毛的丈夫荷西离开人世的消息时，她忽然沉默地说："人活得很空。"然后再次提起笔写信给三毛，她觉得因为得知荷西的死，便察觉世间万物都是空洞虚无，这样便又想到以死来了结自己的生命。

因为自己的作品影响了读者的情绪,三毛感到不安。假如是好的影响,那便算了;而这份影响却使一个处在花季的女孩对生命产生了悲观的情绪。因此三毛对大家说,假如在场的朋友之中有这个女孩的朋友,就请一定转告她不要灰心,因为别人的遭遇毕竟不是发生在她身上。同时也希望这个女孩能把我忘掉,因为这是一个不好的影响。

实际上,凡人或凡事,能给人造成影响的,必定能使人从中获取一些帮助。然而三毛不这么认为,她并没有为任何人去写作,更没有想过自己的书稿能对自己以外的任何人造成影响。她对林青霞说过,希望也能和她一样拥有美满而幸福的爱情生活,然而她遇见不了。在她的生活中,矛盾常常是频繁出现。直到有一天她获得真正的幸福生活时,不幸又突然光顾了她。

我计算过,人的一生平均拥有350 000个时辰。它看上去似乎很长,有童年,有青年,甚至要经过漫长的中年,实则这只秒表开始运转的时候,你会察觉倏忽之间光阴便过去了,而且必经的道路,是需要勇气去面对衰老。

有一位心理大师曾经说过,女人是需要被爱得更多的人,她们希望得到更多的爱,却不是单纯的施予。而人生这张华丽的网,无论如何都经不起岁月的蹉跎,它像一部《红楼梦》,演绎的一切世态或美景都为《好了歌》作了脚注。所以,人活着其实不能太清楚,因为太清楚就容易事局败露,感受得多了,生活的迹象也便大胆向你暴露出来。

人生原本是通过一张张破碎的地图拼凑起来的昙花一现，因此，美满不能够长久共存，这是可想而知的事。

看下面这一组数据：

1967年，三毛的初恋失败了，后来她转赴西班牙马德里文哲学院留学。圣诞初结识荷西。

1972年，三毛因为荷西比自己小8岁而决意离开了他，回到台北后与一名德裔男子相恋。就在结婚前夕，未婚夫突发心脏病而猝死。那年冬天，心情阴郁的她离开了台北再赴西班牙。因为荷西托人带到的一封信，他们再度重逢。

1974年7月，三毛与荷西在撒哈拉沙漠一个名叫阿尤恩的小镇结婚。

1979年，三毛随荷西来到拉芭玛岛定居生活。此年9月30日，荷西在海底捕鱼时意外丧生。

1985年，失去爱人的三毛一度丧失记忆，神经错乱。后在朋友与家人的帮助下，在强大的精神世界中，她安然生活了5年。也就在这短短的5年中，诞生了一个新三毛的形象。然而她所不能承受的"轻"，是捉弄还是命运？

1991年，三毛继母亲的病，同样因为疑似宫颈癌而住院治疗。期间，她深感病痛折磨带来的伤害，1991年1月4日凌晨以丝袜绕颈，死于医院……

但这个女子的传奇还没有结束,而且愈演愈烈。

这是一组极其残酷的数据,但它能说明什么呢?因为三毛在爱情上的屡次受挫,以及不巧的是,那几个爱过她的人都因为命运终结了自己的生命。三毛却被人误安上"克夫"的罪名,过去的社会舆论这样说一个女人对她公平吗?

自丈夫荷西在拉芭玛岛捕鱼时遭到不幸,她便过着流浪的生活,并开始一段天南地北的动荡之旅。而这也就是后来在其散文集《万水千山走遍》里提及的中南美之行。

然而,谁又希望一个人过着动荡的生活呢?世界哪里会有奇遇的美,足以吸引一个女人为此而奔走?这简直是一个天大的玩笑,发生在一个并不坚强的女人身上。当三毛离开拉芭玛岛后,便返回了西班牙大加纳利岛生活了一阵。因为生活的痛楚和近在眼前的一切都那么的逼真,她这颗痛苦的心一直难以平静,才有了她后来走遍那万水千山的勇气,而这哪里仅仅是"万水千山走遍"那么简单呢。

在她后来的散文里写到过这样一句话:"大地啊,我来到你岸上时原是一个陌生人,住在你房子里时原是一个旅客,而今我离开你的门时却是一个朋友了。"这种感受一般人都会经历到,如果在你的一生中曾发生过令人后悔的事,或许因为自己当时不懂得表达而丧失了机遇,那么当你离开一个地方的时候,你必然会发现自己原是一个过客。而时间一长久,你就会知道这没有故事的过程,却原是系着真感情的。

我喜欢听人谈论阅读的最高境界,那是去你的世界中拥抱与自己气息相通的人。因而也可以说,读者与作者之间必定存在着一种神秘的交流。而这样的交流,每一次所达成的意见不一定是志同道合的,却肯定也是自己近期以来所接受的最深刻的教育。

有时人生就是这么感性,离开时才知道可贵。假如只有三天光明,我们应该如何选择?当丈夫再度离别,所有感情遭到毙命;当亲人远离精神与肉体的距离,一个无名的噱头爬进了心的沟壑;我们还有什么理由,去拒绝一个柔弱且需要保护的女子呢。

乱世中的和平乱事

假借三毛之意,准其名曰陈懋平(汉氏),1943年3月26日出生于重庆黄角桠。听其小传,名得于父亲。"懋"字为谱上属她那一辈分的排行,"平"字又取之于她出生的那个烽火连天的年代。父亲希望借此"懋平"二字,给她带去和平的一生。

然而三毛的一生堪称传奇。先是笔名的来历,流传最广的就有两种说法:一种是因为喜欢张乐平先生笔下的《三毛流浪记》而得名;另外一个原因就是说,自己写的东西很一般只值三毛钱。这种讲法,在其《撒哈拉的故事》里《三毛说三毛》这篇杂文中提到过。原文是这样写的:

> 三毛是一个最简单、通俗的名字……我要自己很平凡,同时,我也连带表明我的口袋只有三毛钱。为了天空飞翔的小鸟,为了山间清流的小溪,为了宽阔的草原,流浪远方,流浪。还有还有,为了梦中的橄榄树……我做任何事都是用生命去做。我喜欢的男性素质中,智慧应该占第一位。可是在另外几方面我的要求绝对严格,那就是道德和勇气。如果选择了自己结束生命这条路,你们也要想得明白,因为在我,那将是一个幸福的归宿。

三毛的这些话,不知道是否已经为将来的人生安排下这样的结尾。

在一篇文章题目叫做《出国旅行》的散文里,我曾经写过这样一句话:很多地方是我去不得的,但我想去,这是因为我们需要对生命进行一种探究。即便去过,不了解有所不同,也能清楚地看见外面的世界跟里面的没什么两样。

这是一种人生观,是一个人经历过生活之后的感受。有一次几个朋友坐在家里喝酒、聊天,我们聊到工作,聊到影视,也聊到生活,这一切都是泛泛的解释。

A 说:"看起来那些明星很抢眼。"

B 说:"正是因为你对他人的生活不了解,才会有这样的看法。"

C在一旁笑。

B又说:"别看人家的生活这么风光,那是因为我们所接触到的都只是一些正面的消息。我们只看到好的一面,而且那些都是我们没有办法拥有的。但你想过没有,关上门来谁不是一样要去面对生活?"

A瞪着B哑口无言,C却在一旁点着头。

B对A说:"你要相信从本质出发,没有人的生活是不一样的。你过着怎么样的生活,人家也一样要直面生活。"

A冥想半天,点了头。

生活是无尽期的整理和无尽期的破坏,是累人的事,然而它也会给人带来惊喜。若不是因为生活中充满着快乐,我们又怎会知道,原来生活还有许多低潮是失落的暗示。让我们来翻阅这个人的故事,从她的生活、经历、性格中挖掘出点滴珍贵的记忆,从那些生命潜藏的矛盾中去勘测属于她个人的爱和爱她的人之间,一袭宝贵的事。

我对她的生平做了一个简单的梗概:三毛祖籍浙江省定海,据家谱《陈氏永春堂宗谱》记载,陈氏自河南迁入浙江。父亲是律师,有三个孩子,三毛排行第二,有一个姐姐还有一个弟弟。她从小就跟随父母过着飘荡的生活,先后搬至南京、台北等地,最后在撒哈拉沙漠成家。

读中学时三毛的成绩并不理想,每次数学月考,常常得零分。她不想留级便开始发愤图强,后来她发现每次月考的考题都是课后的练习题,于是三毛把数学题目背下来,一连六次考试次次得了一百分。然而数学老师对她产生怀疑,认为这都是她作弊才获得了高分。这个说法,给当时的三毛心里留下了严重的创伤。

三毛说:"作弊对我来说是不可能的,就算你是老师,也不能这样侮辱我。"于是数学老师拿来一张试卷让她作答,她却一题也答不上来,这时老师当着全班同学的面用毛笔在她的眼睛周围画了两个代表零蛋的圈圈。画完后全班同学哄堂大笑,老师让她在教室角落罚站,下课后又叫三毛绕操场跑一圈。经此一番羞辱,三毛第二天就在教室昏倒了。这件事在她脆弱的心里自然造成了不可磨灭的障碍。后来她开始经常逃到墓地去看小说,再后来因为此事而休学了。

1956年一度复学后的她依旧经常逃学到图书馆看书,后来被学校警告正式退学。刚退学时三毛被父母转进台北美国学校,送她去学插花,学钢琴,学国画,跟名家黄君璧习山水,跟邵幼轩习花鸟。她喜欢看书,父亲就教她背唐诗宋词,看《古文观止》,读英文小说,但是三毛经此打击后精神上一直处于自我封闭的状态,虽然也曾看过心理医生,但一周一次的治疗似乎并没有起到多大的作用。

此后,她在家中待有三四年时间。当时姐姐陈田心的朋友们到家里来玩,其中一位叫陈骕的对她说,他正跟随顾福生老师在学习如何画油画。此时的三毛显得非常兴奋,虽然她从小就喜欢画画,但她的画一直画不好。经陈骕引荐,三毛后来随顾福生习画,多年之后的她回忆初见老师的景象时说了以下这段话:

> 许多年过去了,半生流逝之后,才敢讲出:初见恩师的第一次,那份"惊心",是手里提着的一大堆东西都会哗啦啦掉下地的"动魄"。如果,如果人生有什么叫做一见钟情,那一霎间,的确经历过。
>
> ——三毛《我的快乐天堂》

开始顾福生教三毛素描与水彩画,他也是当时除父母之外唯一能与她沟通的人。顾福生不是教育家,却帮助她找到了自己的方向,鼓励她在文学的领域中发展。除了推荐《笔汇》与《现代文学》两本杂志,还将波德莱尔、左拉、卡缪、陈映真等作家的作品介绍给三毛,开启了她对当时台湾文坛的认识。顾福生将她的一篇文章转交其好友《现代文学》杂志主编白先勇先生。

1962年12月署名陈平的文章《惑》在白先勇主编的《现

代文学》杂志第 15 期上发表,这一发表给三毛带来了极大的鼓励。白先勇后来回忆起这篇文章时说,它是一则人鬼恋的故事,写得很奇特还处处透出不平常的感性。小说里提到《珍妮的画像》,那时台北正上映这部电影不久,也是一部好莱坞式十分浪漫离奇人鬼恋的片子,这大概给了三毛创作的灵感。从此之后,三毛开始在各大报纸、杂志上投稿。直至 1963 年在《皇冠》19 卷第 6 期发表了新作《月河》。

三毛同时很仰慕白先勇的同学陈秀美,故而顾福生亦介绍陈秀美为她的朋友,鼓励三毛能快速走出自我封闭的生活。陈秀美刚认识三毛的时候,觉得她很自恋,并以三毛的原型写了一篇小说《乔琪》。

1964 年,陈秀美鼓励三毛去向文化学院董事长张其昀请求入学文化学院,作没有学籍的选读生。获张其昀特许,至该院哲学系当选读生,没有高中学历的陈平成绩却很优异。三毛曾对当时的作品《雨季不再来》一书作出以下的评论:"《雨季不再来》还是一个水仙自恋的我。我过去的东西都是自恋的,如果一个人永远自恋那就完了……很多人可以看到我过去是怎样的一个病态女孩。"文化学院教授胡品清亦在《皇冠》与《联合报》副刊分别发表了写给 Echo 的书简，胡品清对她的印象是她是一个令人费解的，拔俗的，谈吐超现实的，奇怪的女孩，像一个谜。1967 年她出国后一个月，胡的《断片三则》之一就描写了她，称她是一个喜欢追求幻影，创造悲剧美，等到幻影变为真实的时候便开始逃避的人。

相爱终短相聚亦难

第一章 是非成败转头空

她的初恋像一朵带血的玫瑰。据说在文化学院时,三毛仰慕同校以舒凡为笔名出版过两本书的才子梁光明,开始紧随其后,主动向其提供了电话号码,此后梁光明与她开始交往。当梁光明升上大四时,三毛希望两人能够结婚,以申请去西班牙留学的举动迫使梁光明作出承诺,结果三毛办妥出国手续反而造成两人分手的局面。据说分手后的三毛还因此割腕自杀,最终缝了28针才得以保全性命。

在留学期间,她遇到了后来的丈夫荷西·马利安·葛罗。当时他还在读高三,而三毛在留学期间不时把握机会打工赚钱,当过导游、商店模特儿、图书馆员等,以这些工作所得游历过波兰、南斯拉夫、捷克、丹麦等国。在这期间她也交了几位男朋友。在西班牙时,被一名日本籍的富商同学追求;在德国时,被一名后来成为外交官的德国同学追求;在美国时,被一名台湾的留美博士追求;但最终都没有结果。

1970年三毛回到台湾,应张其昀之聘在中国文化学院德文系和哲学系任教,也在政工干校教课。1972年她遇到了一位德国教师,后与其相识、相爱,等到结婚的前一夜,她的未婚夫却因为心脏病的突然发作而猝死。之后三毛服用过安眠药,进行生命中的第二次自杀。另外还有一种说法,是说三毛在"明星"咖啡厅结识一位画家邓国川,接受他的求婚时发现对方是个有妇之夫,还让父亲赔掉了一幢房子。马中欣的《三毛真相》一书内容则是说,邓国川离婚与三毛结婚后发现三毛有精神病而协议离婚的。

1972年,遇到情感和婚姻双重打击的三毛再度选择离开台北,远走西班牙去与六年前遇到的西班牙人荷西·马利安·葛罗重逢。当时尚是高中生的荷西此时已大学毕业,服完兵役,也有了潜水师执照。原本荷西计划与一群朋友乘帆船去希腊地中海一带潜水旅游,也一并邀请三毛同行。但三毛因为以前偶然从一本美国《国家地理杂志》看到一篇介绍非洲撒哈拉沙漠的文章,不禁触发她属于前世回忆似的乡愁,对撒哈拉沙漠情有独钟。后来荷西在西撒哈拉磷矿厂找到工作。1974年,三毛在非洲沙漠小镇(西撒哈拉的阿尤恩)与荷西结婚,两人开始在西撒哈拉沙漠的婚姻生活。

同一年三毛应台湾《联合报》副刊主编平鑫涛之请,开始以这个笔名用当地的生活及所见所闻为写作背景,发表了一系列充满异国风情的作品。就是后来结集出版的《撒哈拉的故事》、《稻草人手记》和《哭泣的骆驼》等书。

历经两度情感上的打击,三毛的文章风格与以往大不相同。《撒哈拉的故事》系列书大受全世界华人社群读者欢迎,历久不衰。1975年11月,摩洛哥组织绿色进军,35万名志愿者开进西撒哈拉。1976年2月西班牙撤离西撒哈拉,三毛与荷西最后也离开西撒哈拉。

直到 1979 年，荷西在三毛父母到访期间在海底捕鱼时遇意外丧生。此时的三毛历经了第三次情感上的打击，而这次是最严重的，使她一生都没有走出过伤痛。三毛返台后的一天晚上，《三三集刊》的一群年轻作家聚在朱西宁家中，三毛与耕莘写作会的神父陆达诚也在场。在方桌的四面，男女各半对坐，用一根手指点住画有箭头的碟背，请碟仙降临。三毛因此与死去的荷西获得沟通后，大得安慰。之后因为再度思念荷西，三毛还使用钱仙等方式，自动书写下与荷西沟通的话。有一次三毛起了疑心，用耶稣之名命令对方说出真实身份。结果是写出几个西班牙文字："魔鬼神。"三毛大受惊吓，陆达诚为了安抚她，为她奉献了一台弥撒，并让她戴上隆重祝圣过的法国带回来的显灵圣牌。接下来一年，她没再接触通灵之类的事物，并且不断行善。她曾告诉陆达诚，她每次收到稿费都会分成六份，捐给不同的慈善团体。

徐訏，一个曾被称为"鬼才"的教授作家，电影原著小说《鬼恋》的作者。他于 1976 年认三毛为干女儿，陆达诚曾与"中国新闻分析"的神父劳达于 1980 年去医院探望得了肺癌的徐訏。三毛当时人在西班牙，从陆达诚处得知徐訏过世的消息后，十分悲痛，再度用自动书写的方式和死去的人沟通。

直到 1981 年 11 月，她由台北《联合报》特别赞助前往中、南美洲 12 国旅行半载，途中撰写所见所闻。1982 年 5 月她又回到台北,作"三毛女士中、南美纪行演讲会"环岛演讲,主讲"远方的故事",并出版了《万水千山走遍》这本书。

1982年三毛出任中国文化大学中文系副教授,在文艺组讲授小说创作、散文习作,深受学生喜爱。1984年因健康关系辞去教职,前往美国接受割治子宫癌手术,以写作、演讲来维持生活。1984年5月,《皇冠》杂志社举办了一次"阴间之旅"活动,由吕金虎施法,带领三毛进地府一游。

1985年三毛一度丧失记忆,神经错乱。她在一个几千人参加的演讲会上唱了中华人民共和国国歌《义勇军进行曲》,她在台湾是第一个把《义勇军进行曲》公开唱出来的人,唱后台下一片肃静,许多人替她担心……

三毛与大陆文化名人张乐平、姚雪垠、贾平凹、王洛宾等人,保持着很好的友谊。1988年6月12日,她致函上海的著名漫画家、《三毛流浪记》作者张乐平先生时说:"在我三岁的时候,我看了今生第一本书,就是您的大作《三毛流浪记》。后来等到我长大了,也开始写书就以三毛为笔名,作为您创造的那个三毛的纪念。在我的生命中,是您的书使得我今生今世成了一个爱看小人物故事的人,谢谢您给我一个丰富的童年。"1989年,三毛到上海与画家张乐平相见,并认他为"爸爸"。

最后在1990年,由三毛担任编剧的电影《滚滚红尘》正式出品。其中林青霞、秦汉、张曼玉等人合演,上演后因剧本影射并同情胡兰成与女作家张爱玲之间的相恋,颇受非议。1990年12月15日,三毛盛装出席第27届金马奖颁奖典礼,《滚滚红尘》获12项提名,夺得最佳剧情片、最佳导演、最佳女主角、最佳女配角等8个奖项。三毛角逐"最佳编剧奖",结果榜上无名,不禁当众落泪。

然而她的一生最后终结于她自己的笔下,她曾告诉过我们:"如果选择了自己结束生命这条路,你们也要想得明白,因为在我,那将是一个幸福的归宿。"1991年1月2日,三毛因子宫内膜增生住进医院进行治疗,1月3日进行手术。内外伤的双重打击,使得她于1月4日凌晨在医院的浴室里以丝袜绕颈窒息身亡,当时年仅48岁。但有关三毛死亡的真相,依然是众说纷纭,我们也只能希望这个结局像她自己说的那样:也许死亡并不是一种结束,而是另一场出发。

荒诞与真实
——你对我的实话有意见吗

我是个一旦有感觉,就会消失去写作的人。或许抓住它的手臂,只为证明我热爱生命,我想你也是。

但你更诚实,却没有想到你的诚实与美好往往栽倒在别人的踏脚石上。比如你读书的时候,为了补习自己的课程,使得每门考试的平均分能够超过从前,你开始发愤图强,用了自己的小聪明,发现了考试的所有类型题就是课后的综合练习。你强行背诵,将自己认为最好的分数,挂到期末综评上。可惜,老师啊老师,你为什么不相信她?你在全班同学面前羞辱她,给她画零鸭蛋,让她重新考试以证实她有作弊的行为。大概背诵和事先准备也是作弊的一个种类,难道我们的教育就没有问题?

面对孩子你怎能如此狠心，如此教育难道能将教学的根本问题一一解决吗？不！我不相信。因此她逃学，我没有错，你为什么不相信我的真话呢？

人生永远是一个举棋不定的棋局，假若命运早已为你安排，你可想过人生中有许多后悔的事。然而这对于三毛来说，最后悔的事至少有三件：

第一件事，是她成为了女人；

第二件事，是她成为了写书的女人；

第三件事，是她成为了出名的女人。

乌拉圭女诗人克里斯蒂娜·罗西曾说过："写作不属于女人，当她们拿起了笔，也就害死了自己。"这话说得没错，却不是所有人都敢于接受的；就像励志大师本杰明·狄斯拉里说的一样，一个人敢于承认错误是一件很难的事，他永远都是不赴黄河心不死的。我想，假如人生从一开始就可以选择，那么三毛是不会选择这种命运的。

从纪录片寻求三毛死亡之谜的影片上来看，有一段话特别令人感动，那也是三毛在和自己好友肖全先生讲述时说过的话。那时她对我说："肖全啊，我这个包从小时候十一二岁开始就一直背在身上不离不弃，直到现在我还背着它。然而我过去是一个人，现在还是一个人……"

这段文字是多么的辛酸，难道三毛所承受的，所过的日子真的只有她一个人而已吗?其实不是的,早在她第一部书《雨季不再来》出版的时候,她已经很有名了。从《撒哈拉的故事》出来后,她的名声更是影响了一大片的人。她并不孤独,在她的精神之上曾经拥有着大批的读者与知心的朋友,可是精神走不进心灵,它既不是肉体也不是实际存在的。说到底精神的伟大,往往取决于人的意志;然而意志又是容易倒塌的东西,因此,仅仅满足精神财富的人往往是不够的。她们也许走得太高,反倒为自己施加了巨大的压力。

从探究三毛真实的死因的纪录片里,我们还看到了她的一些好友,比如林青霞在描述她生病时所说的话,她问她这样会疼吗?三毛的回答却是:"很痛、很痛。"她告诉记者当她听到三毛这样对自己说的时候就已经知道,这种痛苦不全来自于身体上的疾病,而是身体之上的,建筑在精神领域的痛苦,是她内心的疾苦与洪流,冲碎了未来的一切值得或者已经不值得的一生了。

后来三毛的好友肖全先生也说道,她其实活得很累,她活得一点都不轻松,而这种不轻松就来自于她的读者对她的要求。他们认为三毛就应该是个完美的人,人家一直把她捧捧捧,捧到几乎成了神这样的位置上,她好像反倒不能回到人间来似的。你看她特别开心,愉快地走在人群中不理会别人的目光,然而这些人完全不理解她。她朝着自己的路和自己的方向前进,但实际上她并不是一个特别乐观的人。

三毛曾在一个访谈节目里这样说道:"大家都觉得我并不是一个很实在的人,但实际上我并不是每天都活在文章里面。"生活对于谁来说都是公平的,对于女人来说更像是一个稀有的矿洞,仿佛安上磁铁,谁不希望于千万人之中,不早也不晚地遇见那个真正属于自己的人呢。

人谁无贪心、无痴心,即便是一个比较完美的人。我们不求佛,不枉生,可再看见岁月的时候只觉得"往事如烟"。

这时候,一阵说不出的喜悦又涌上了我的心头,就如看见刘侠和她父母那一刹那的心情一样,我们这几个人,虽然往事如烟,这条路,仍在彼此的鼓励下得到力量和快乐。没有什么人是真残了,我们要活的人生还很长,要做的事总也做不完,太阳每天都升起,我们的泪和笑也还没有倾尽。

那么,好好地再活下去吧,有血有肉的日子是这么的美丽；明天，永远是一个谜，永远是一个功课，也永远是一场挑战。三个人的故事其实仍然没有完。刘侠正在殉道；我在为学生；拓芜呢，拓芜早已不在军中，小兵退役了，左残还是没有什么好日子，他的故事从来没有人间的花好月圆，他说的，只是坎坷岁月，好一场又一场坎坷的人生啊！

——三毛《往事如烟》

从这段文字我们可以看出三毛对生活的概念，不过是个坎坷的岁月，不过是一场或又一场坎坷的人生罢了。假如她的命运一开始便被改变，如果她不是一个女人就不至于受到生活上诸如此类的牵挂了。那么，她既不会像父亲陈嗣庆说的那样"聪明"与"敏感"了，她也就不会养成后来的这种倔强的性格以及"无人能管教"的性情了。当然，生活不如意之事十有八九，这一个、两个之说又算得上什么？

三毛在其散文集《倾城》里有一篇写给自己的文章，题目叫做《说给自己听》。这正是她在遭遇了许多事件之后，写就的文字。也许她孤独，虽然外表看来她有许许多多的读者朋友，但实际上人之所以感到孤独是因为他们的心事找不到可诉之处。所有在精神上具备强健特质的领袖，都或多或少地写过些内心独白式的文体。这种文本不但能给人以养目，教人以警戒，同时还能为自己的不快获得新的梳理。她说：

> 四周又有熟悉的雨声,淅沥沥地在你耳边落下,不要去看窗外邻居后巷的灰墙,那儿没有雨水。这是你的心理作用,回国,醒来。雨声便也来了。
>
> 我们不要去听雨,那只是冷气机的滴水声,它不会再滴湿你的枕头,真的不会了。
>
> ——三毛《说给自己听》

这里的雨声是三毛内心的声音,是一些破碎的记忆从她的心里慢慢苏醒。只是她警觉到这些无用的眼泪,不能弥补她失望的生活,因此她又对自己喊停了。她告诉自己这里的雨声是因为触景生情,那儿没有雨水,只是冷气机的滴水声……它不会再滴湿你的枕头,真的不会了(这是她对自己的渴望,亦便是为了隐藏自己还将会产生的悲伤)。

这次你回来。不是做客,这回不同,你是来住一年的。

一年长不长？可以很长,可以很短,你怕长还是怕短？我猜,你是怕长也是怕短,对不对？

这三年来,我们彼此逃避,不肯面对面地说说话,你跟每一个人说话,可是你不敢对我说。

你躲我,我便也走了,没有死缠着要找你。可是现在你刚刚从一场长长的睡眠里醒来,你的四肢、头脑都还不能动得灵活,那么我悄悄地对你说些话,只这么一次,以后就再不说了,好吗?当然,这一年会是新的一年,全新的,虽然中秋节也没有过去,可是我们当这个秋天是新年,你说好不好?

你不说话,三年前,你是在一个皓月当空的中秋节死掉的。这,我也没有忘记,我们从此最怕的就是海上的秋月。现在,我却跟你讲:"让我们来过新年,秋天的新年好凉快,都不再热了,还有什么不快活的?"

相信我,我跟你一样死去活来过,不只是你,是我,也是所有的人,多多少少都经历过这样的人生。虽然我们和别人际遇不同感受各异,成长的过程也不一样,而每一个人爱的能力和生命力也不能完全相同地衡量,可是我们都过下来了,不只是你我,而是大家,所有的人类。

我们经历了过去,却不知道将来,因为不知,生命愈发显得神奇而美丽。不要问我将来的事情吧!请你,ECHO,将一切交付给自然。生活,是一种缓缓如夏日流水般的前进,我们不要焦急我们三十岁的时候,不应该去急五十岁的事情,我们生的时候,不必去期望死的来临,这一切,总会来的。

我要你静心学习那份等待时机成熟的情绪,也要你一定保有这份等待之外的努力和坚持。

——三毛《说给自己听》

这篇文章是三毛再度回到家乡的时候写的,有一点缅怀生活的滋味,有一点想念荷西的滋味,也有一点自我劝说的滋味在其中。"三年前,你是在一个皓月当空的中秋节死掉的……"她的内心是多么渴望,这渴望的深处竟是些漆黑的不可知的厄运。

她又说:"ECHO,我们不放弃任何事情,包括记忆。你知道,我从来不望你埋葬过去,事实上过去没有必要,也没有可能从生命里割舍,我们的今天,包括一个眼神在内,都不是过去重重叠叠的生命造成的影子吗?"

我相信,你的生命是野火烧不尽,春风吹又生的。如果你愿意真正地从头再来过,诚恳地再活一次,那么,请你告诉我,你已从过去中释放出来。

释放出来,而不是遗忘过去——

是的,她一直警戒自己从旧的生活中走出来。同时证明,伤心是可以分期摊还的,假如你一次负担不了。有时候,我们要对自己残忍一点,不能纵容自己的伤心;有时候,我们要对自己深爱的人残忍一点,将对他们的爱、责任以及记忆搁置。这些,并不是不爱,而是因为过度的爱了,反而比电光击石还要来得短暂。她说:

因为我们每一个人都是独特的个体,我们有义务要肩负对自己生命的责任。这责任的第一要素,ECHO,是生的喜悦。喜悦,喜悦再喜悦。走了这一步,再去挑别的责任吧!

我相信,燃烧一个人的灵魂的,正是对生命的爱,那是至死方休。没有一个人真正知道自己对生命的狂爱的极限,极限不是由我们决定的,都是由生活经验中不断的试探中提取得来的认识。如果你不爱生命,不看重自己,那么这一切的生机,也便不来了,ECHO,你懂得吗?

相信生活和时间吧!时间如果能够拿走痛苦,那么我们不必有罪恶感,更不必觉得羞耻,就让它拿吧!拿不走的,自然根生心中,不必勉强。生活是好的,峰回路转,柳暗花明,前面总会另有一番不同的风光。

让我悄悄地告诉你,ECHO,世上的人喜欢看悲剧,可是他们也只是看戏而已,如果你的悲剧变成了

真的,他们不但看不下去,还要向你丢汽水瓶呢。你聪明的话,将那片幕落下来,不要给人看了,连一根头发都不要给人看,更不要说别的东西。那你不如在幕后也不必流泪了,因为你也不演给自己看,好吗?虽然,这许多年来,我对你并不很了解,可是我总认为,你是一个有着深厚潜质的人,这一点,想来你比我更明白。

可是,潜质并不保证你以后一定能走过所有的磨难,更可怕的是,你才走了半生。

我们过去的感受中,在第一时间发生的事件,你不是都以为,那是自己痛苦的极限,再苦不能了。

——三毛《说给自己听》

这篇文章是对三毛本人的一个认识,也是我在她的众多文集中最最深爱的一篇。因为就她自己而言,文章讲述的是对自己的一种认知与告诫。而对我来讲,这篇文章是她对于生命,对于爱情,以至于人生的一个面的剖析与解答。更是她在成长的轨迹间,做出的一个自我的拯救与自我鼓励的行动。假如她的人生没有这些信念的支撑,我们的三毛可能早就不复存在了。

这些荒诞与真实的岁月,岂止是生命中的一个感叹号!像我的朋友曾经说过的话,她告诉我说:"生活永远停在过去。"我们所有遇见与再见的一切,都属于生活的昨天。无论快乐、悲伤或者成功、喜悦,它们都不是永恒而不变的。世界在运转,在发展,在变幻,因此这些东西我们永远不可能长存,包括生命。所以她劝我不要惋惜。在研究三毛的过程中我遇见许许多多的问题,比如材料不够,比如我的情绪大大受到她的影响。因为这个可怜而坚强的女人的命运实在过于坎坷。我在唱歌的时候联想到她,我在散步的时候联想到她。我和我的朋友争辩那个隐含忧伤的著名作家,于是我也趴在别人的怀里哭泣,因为我体会到她的痛楚和那些难以承受的爱或逃避。

　　我是个一旦有感觉,就会消失去写作的人。或许抓住它的手臂,只为证明我热爱生命,我想你也是。但你更诚实,却没有想到你的诚实与美好,往往栽倒在别人的踏脚石上。你为什么不相信我的真话呢?

第二章 写作的女人

1 笔下三毛之『鲜活与虚构』之比
2 书中拾荒——三毛读书记
3 写作是误打误撞的事
4 写作不难
5 一生最爱不能知,惟有隐身如文
6 不真实的事情我写不来

笔下三毛之"鲜活与虚构"之比

张乐平先生于1935年名扬上海,自幼受到母亲熏陶的他,在刺绣、剪纸等美术方面获得重要的启蒙。后经努力,他刻画出一个漫画三毛的形象,分别在《申报》和《大公报》连载发表,一时间,激起了社会的强烈反响。

他赋予三毛的特殊形象与遭遇,以及与时代背景相符的故事情节,引起大家的关注后,张乐平先生逐渐成为上海漫画界较有影响的一员。《三毛流浪记》这部影片在大陆上市以来,一直以黑白影片主打整个市场。故事讲述了新中国成立前的上海,孩童三毛是旧上海的一名流浪儿童,他没有家,没有亲人,没有朋友,同时衣食无着。生活上他仅仅靠着拾破烂和睡垃圾车过生活，冬天就以破麻袋披在身上御寒。为了生存，他卖过报，拾过烟头，帮别人推黄包车，但总是受人欺侮。他挣到的钱连吃顿饱饭都不够，只有与他命运相同的流浪儿关心他，也给了他温暖。

这部影片可谓是家喻户晓，现实中的三毛用她自己的话来讲，正是因为喜欢张乐平先生笔下的人物形象而给自己取了这个名字；另外还有一种说法，她觉得自己创作的东西很一般，也不值多少钱，暂且值得个"三毛钱"罢了，这种想法是否直接地证实了人生所有的一切均在万物不停的演变中成长起来，这说明三毛的文字有很大的弹性，假以时日便能更上一层楼。然而对于她自己的说法我更倾向于前一种，在不少的文学课程上我听到一些教授说，人对事物的宠爱首先由宠爱自己开始，比如我们爱上一座城市，不是先爱上了城市而是爱上了城市中的某个人或某件事。那么，她对自己的用心也不外乎与干爹（张乐平）笔下的三毛有着异曲同工之妙。

他们两者有什么共通性呢？首先《三毛流浪记》中的三毛是一个贫穷、悲苦却隐含正义的孩子，他所有的生活乃至于生活之上的目标均围绕着"流浪"二字在展开。他在屏幕中给人留下了深刻的印象，除了故事设置了一个未知的结局以外这和人物当时的生活环境紧密不分。

然而三毛，她的一生亦充满无数的传奇色彩。这是一个天真的少女不应该经历的人生巨变。从她小的时候开始，她的性格随着她所遭遇到的一切事情，变得叛逆起来。从最初的辍学乃至于最后的出走，还有那仅仅几次的恋爱之梦，都在她的人生中破碎。这不是所有人都能承受起的痛，然而她却走过了人生的万水千山。在她的一生中，永远有一个谜不曾被她亲口说出，那就是在那棵被众人企望过的橄榄树上，一颗自由翱翔的以及和平、流浪的灵魂将要去向哪里，她想要企及的，不过是人一生最脆弱的问题，所以有了后来的生活，有了爱，也有了她走遍万水千山的勇气。这些举动到最后，只为见一见——人活着为了什么，或者说人为什么而活着，活着的意义究竟何在。

听三毛的流浪之歌《橄榄树》时，我流泪了。这哪里是流浪这么简单，而橄榄枝被誉为一种心理期望的向往与和平，它们飞向建筑在精神之上的乌托邦。她为了这一切，从内心深处流淌出来的苦涩变成了烂漫、怡人的文字，比如向往空中的飞鸟，与它们一样自由且快乐地生活着那是多么的愉悦。想来，人若没有烦恼亦没有欲望，就构不成苦恼的根源，那便是多么快乐的一件事。人若为了爱情而牵绊，却常以"流浪"的心态面对灵魂的孤寂时做出一切痛彻心扉的忍让，那是爱还是恨？我们有时候更愿意相信，爱得痛了，断得彻底是一种"守护"，却不知道"大义凛然"的背后往往并不仁慈。

那些抉择既说明了爱的本真，又告诉我们爱情可能会被别的东西而取代,从而使这一切变得不择手段——那不是不爱,而是感情的宿命其实就那么一丁点,就看那些是值得珍视的,还是白驹过隙。

人生,本不是长久的一回事。人若能将美好的事情持之以恒,便是美德。引用张爱玲的话来说正是:于千万人之中遇见你

所遇见的人,于千万年之中,时间的无涯的荒野里,没有早一步,也没有晚一步,刚巧赶上了,那也没有别的话可说,惟有轻轻地问一声:"噢,原来你也在这里。"

请拒绝张枣在《镜中》所释,只要想到人生中后悔的事,梅花便落了下来……假如世间还有很多巧合,比如你或者我们同样遇见,或正遇见着他,就请张开双臂以虔诚的胸襟,纳入怀抱。假如你正年轻,假如你还拥有一切的可能,请你千万记住这个故事,这个曾经失落的三毛以及那个写出《爱》的张爱玲,她们都不是最好的选择。

书中拾荒

——三毛读书记

我们对三毛的了解,全凭在日常生活中读到了那些她带来的文字。她在作品《梦里不知身是客》中,写过这样一段话:

> 提笔的此刻是一九八三年的开始,零时二十七分。
> 走笔到现在,已是清晨六时,而十时尚有尘事磨人。眼看案上十数本待读新书,恨不能掷笔就书,一个字也不再写下去。但愿废耕入梦——梦里不知身是客,一晌贪欢啊!

不看中间,还真不知道作者想要表达怎样的心境呢。但你也不要急,从这段文字来看作者已在时空上为自己制造了"梦里不知身是客"这一臆想。整篇文章的写成花了这么久的时间,这必然与三毛当时的写作心境有关联。从文中部分语段来看,她应该是搁过好几次笔才是。

她在文章中提到自己看过了许许多多的书,还提到了父亲家里、书房里罗列的一系列书籍。这要表明的就是每一个能够成为作家的人,不仅仅要懂得纯文学,他的知识面还应当更开阔,这才有可能达成自己假定的理想。甚至我敢说:每个读书人之中,都曾经或多或少地做过这个梦,只是有的人成功,有的人缺少一分天赋而已。

三毛借了《红楼梦》中贾政要求贾宝玉苦背"正经书"的一段,写了自己的父亲以及父亲家里陈列的书籍。那些书籍除了纯文学类的以外,还包括:自然科学、神怪、社会、伦理、宗教、爱情、武侠、侦探、推理、散文、手工、家事、魔术、化学、天

文、地理、新诗、古词、园艺、美术、汉乐、笑话、哲学、童谣、剧本、杂文……此时,她又说:"能够读尽天下才子书,是人生极大的赏心乐事。在我而言,才子的定义,不能只框定在'纯文学'这三个字里面。"而那份生来的敏锐和直觉却是十分重要的,强求不得,苦读亦不得。

这读书么,也不会白读。书读多了,容颜气质自然会改变。许多时候,自己可能以为一些看过的书籍都会成为过眼烟云而不复记忆,其实它们仍是存在的。那些潜在的因子,不是直接外露给别人看,而是从气质里、谈吐上表现了出来。这也就是我们所谓的气质与灵性。书读得多,可以使人内心清明,也可以陶冶性情。书中兵法罗列有致,循规蹈矩,亦可以告知你何事该做,何事该取;也可以告诉你此事无疑,用兵即止。当然这最重要的还是在于,书中的知识能使人化险为夷,书中的策略能助人移兵之用。它也可以使人内心清明,不再为世间万物所累。

她小的时候常常逃课,也因为如此最后被开除了学籍。那她去哪儿呢?用她自己的话说,"我就是为了去读书"。

其实,一生的兴趣极多极广,真正细算起来,总也是读书又读书。当年逃学也不是为了别的,逃学为了就是去读书。

读这么多书做什么?她给出的回答是:为自己求得一个印章,叫做"不悔"!她对于读书的态度并不像一些学者那样,咬文嚼字。她认为好书看到兴头上,宁愿认几个白字,将气势进行到底也不肯立即翻阅起字典来,断了这兴致。她的原话是这样讲的:

常常念书念白字,也不肯放下书来去查查《辞海》,《辞海》并不是不翻,翻了却是看着好玩,并不是为了只查一个发音。

那个不会念的字,意思如果真明白了,好书看在兴头上,搁下了书去翻字典,气势便断,两者舍其一,当然放弃字典,好在平凡人读书是个人的享受,也是个人的体验,并不因为念了白字祸国殃民。念书不为任何人,包括食谱在内。念书只为自己高兴。

这里的高兴二字讲得真好。谁说读书不是图个高兴?在这个工作压力十分强劲的社会(甚至可以说,从古至今的中国一直处在弱肉强食的环境里)书是一种可以到处游历的道具。比如到撒哈拉沙漠、到远古时期、从战场到职场的跨越……果真是有读万卷书、行万里路的意思。当然有的书也会使人"走火入魔",所以在选购图书的基础上,纵览群山的做法是比较好的。一个朋友与我谈起过文学,他告诉我,文学其实正是一种宗教。

虽然我可以不赞同这种说法，但我还是相信有这么一部分人会一直沉醉于作品本身。而这，就是信仰。他还说："没有信仰其实是一件很恐怖的事儿。"

他希望人人都有信仰，包括他自己。然而他本人就是一个无论如何也信仰不起来的人。

我问他："为什么？"

他说："有信仰，其实在无意间已经把人生给延长了。"

他又说："那些没信仰的人是多么的痛苦。他们只知道自己离终点没多远了，却不知道如何是好。"

因为宗教都相信过去、现在和未来，所以从时空上来讲我们确实把自己分成了三个部分。然而以哲学的角度去思考，这所谓的把自己的人生给无限延长的说法不过是一种假设，一种强烈的抵抗着不幸的精神意识。

其实我找到的答案很简单，这种信仰是蕴含在生活之中的。有的人把"家"当作自己的信仰和全部；有的人直接把某种宗教意义上的礼拜作为信仰，我也听说过很多人相信宗教不是因为先相信了它而臣服于它，而是在厄运的笼罩下顶礼膜拜过才寻到了一丝生的希望。但我个人觉得，生活本身也是一种信仰。

就像三毛对书的钟爱，这也是一种信仰，是一种生活的味道。但凡生活在中国这块土地上的华夏子孙，无一例外地在其性格深处都或多或少地崇尚着宗教——国外也一样。一个国家没有了它自己的信仰之后，离毁灭也就不远了。然而三毛在看书时，对书的渴望也是铭心刻骨的：

> 我看书有时只进入里面的世界去游玩一百一千场也是不够的。古人那么说，自己不一定完全没有意见，万一真正绝妙好文，又哪忍得住不去赞叹。这种时候，偏偏手痒，定要给书上批注批注。如果是在图书馆里，自然不能在书上乱写，看毕出来，散步透气去时，每每心有余恨。

写到这里也能看出三毛读书的时候时常喜欢在自己的书上用笔注解一番。同时，这段文字还引申出另外一种暗示：那就是作者的敏锐与天赋不全是与生俱来的。但它确实是成功上十分重要的一个关键所在。

就这个问题，我的母亲还时常取笑我。有一次，她在翻阅我的书时发现了书上留着圈改过的痕迹（这中间不排除白字的修改）。虽然母亲不赞同我的这个做法，可我这样做，从另外一个角度来讲正是因为我对这本书的重视程度。最后我从那一大叠的书里面找到了答案，原来它们也像那些后宫的嫔妃一样，一旦得宠就会"伤痕累累"，假如连施宠的痕迹都没有过的书籍，它不是白皙干净得毫无污染，就是这种白皙干净像漏风的口袋一样,仅仅是"两袖清风"。当然,这也不是随意在书上乱写,而是在那些重点符号的旁边,工工整整地蹲上几处注解。

为什么有些书不愿意去翻,这其中也有一定的理由:若不是这书我看过,就是看过后我为了收藏,又重新买了一套回来珍藏。否则就是这本书没有对我发生实际意义,或者对我来讲根本就没有接触它的欲望。亦或许就是朋友借我的地方存放书籍,或是一些宝贵的资料,那是因为常人无法翻阅而已。

一般也不外乎这几个理由了吧。说到底,也只是那些有参考价值的好书,才会得此一笔。但这一类书与普通的小说无干系,以此我相信一个懂得读书方法的人,他一定会动笔。那些只爱书籍或者崇尚作者的读者们,一直不忍心"修改"书的原型;其实是这些人对书本本身的保存价值感兴趣,而不是内容本身。(当然,这只针对属于自己的书来讲。这是读者的使用权利,我们可以放弃使用注解,同时也可以加以注解。)三毛也有同感,她说:

属于自己的书,便可以与作者自由说话。书本上,可圈、可点、可删,又可在页上写出自己看法。有时说得痴迷,一本书成了三本书,有作者,有金圣叹,还有我的啰嗦。这种划破时空的神交,人,只有请来灵魂交谈时可以相比。

然而,读书时人还需要专心致志。最好像她描述在家看书时的情景那样:

> 母亲只要我回家居住时,午夜梦回,总要起身来女儿卧室探视熄灯。这是她的慈心,是好奇心,也是习惯使然。脚步如猫,轻轻突然探头进来,常常吓得专心看书的人出声尖叫,每有怨言,怪她不先咳一声也好。

书中原来还有这样的理趣。三毛从小就是一个有个性的孩子,她对于学校每年要写的作文,给出的看法都是无所谓的。她觉得在老师心中,做一个"好学生"作文的分数自然就高了。其实,这也不全是如此。从她的行为中便能证实,这是一个极具"童话色彩"的人物,一个叛逆而任性的孩子。

我相信书中自有黄金屋,也相信三毛所说的书到无穷处,坐看云起时。书是人类一切智慧的结晶,也是人类成长中必不可少的精神食粮。然而读书还是要讲究方法,应循序渐进,慢慢体谅;却不可操之过急,只为求道刻意念书也是不行的。引用一句三毛的话来讲:"刻意的东西,就连风景都得寻寻切切;寻找的东西,往往一定找不到,却很累人。"

这,就是读书的法子。

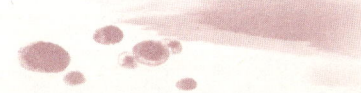

写作是误打误撞的事

三毛说：" 我的写作，完全是游于艺。是玩，就是玩，写完了，我的事情也就了结了。我从没想到会有这么多的读者，也很少想到稿费，但是文章登出来，看排版铅字，是一种快乐。我之所以写作，也只是有感而发。我的文章，也就是我的生活，我最坚持的一点是我不能放弃赤子之心，至于文章的好坏，毫不在意。"

同时她称自己是个像空气一样自由的人，假如写作妨碍了生活和心灵的自由，她是绝不会妥协的，也可能因此而放弃。在为什么写作的讲谈中，她说到以下两点：

一是我从未立志要做一个作家。

在做这个讲座的时候,三毛向读者表示:我从未立志做一个作家,倒曾下过决心要当画家的妻子。今天的讲题是"我的写作生活",我实在只是一个家庭主妇,不知从什么时候开始,别人把我当作家看,这种改变使我很不习惯,而且觉得当不起。作家应该是很有学问或是很有才华的人,我呢,做了六年的家庭主妇,不曾是专业作家,以后也不会是。

并且我的功课不行,数学考零分,唯一能做得好的只有国文,我的作文好,小学五年级时参加演讲的演讲稿就是自己写的,每次壁报上一定有我的作品,我的家庭也很幸福,可是有一次,我把老师感动得流泪了,因为我告诉他我是孤儿,还写了大约有五千字的《苦儿流浪记》。

——三毛《我的写作生活》

这段话确实蛮感动的,原因是我也曾把玩过这样的人生。比如在数学考卷的答题卡上留下一首长长的诗(而且这种"癖好",几乎从初中开始跟了我一个学期)。我一般不喜欢浪费纸张,总自以为是地将其填满。于是一首接着一首地写,还有针对性地写，考卷做完了就在空白处写，我有一首叫做《雨洼》的诗歌，大约描述的就是雨天的情景。而那是我留在考卷上唯一记得的一首，好像还是模仿北岛的《雨夜》写成的："当水洼里破碎的夜晚，摇着一片新叶/像摇着自己的孩子睡去……"这份意象，我把它描绘成一个孤独的旅客，然后安心地等待下课铃声的到来，乘机将答卷夹于其中，生怕老师永远都不晓得这个秘密。没想，过了两天老师很开心地找到了我。原本也许是出于好奇的心情，才考虑问问我究竟的。没想那老师这么厉害，对我的诗一说一个准，而当时的我正处于叛逆的年龄，显然表现得口是心非。

于是老师也大怒，但总算也是喜欢我的。和我好好谈判之后，我就再也不在考卷上"作诗"了。可惜每次参加统考，时间多我就会在分发的草稿纸上写文章来消遣。好在我不像三毛上初中的时候，由于数学成绩忽然猛升，而且连续六次都拿了一百分而备受折磨。她还说，读初二的时候，自己不喜欢学校生活。然后她离开学校，跑到公墓偏僻处去念书。到了大学，她又跟许多高中毕业的同学一起去念了哲学系。那时候她发现自己的国文比不上他们，还举了一个考试的例子。大一的国文考试有一道题，问的是《春秋》发生在什么时候，谁写的作品？但她在讲座中回答了，我不晓得。也因为这个不晓得，接下去的那次国文考试就没能通过。

后来我去找老师，我说："老师，我是少年失学，不知道《春秋》是什么时代修的，我觉得这是文学史的问题。"老师说："你应该晓得的呀！"我说："对！我知道的也是国文类的，可是并不是这一类的。"后来他说："那你要补考啰。"我说："补考还是不会及格的，只有一个方法，我可不可以补给你六篇作文。"他问我要写多少字，我说随我写吧。

……瞎编的故事竟把老师感动哭了（这也就是她之前提到的那篇《苦儿流浪记》），后来我写了一篇三万多字的文章，其中包含了我的父亲，我的母亲，我的童年生活，等等。

——三毛《我的写作生活》

每当谈到自己写作的原因时，她总会将生活放在第一位。当然，这也是人之常情，若没有了生活的辅助，写作这种工艺是不可能单独存在于这个世界上的。对话中，还有这样一段话：

我很幸运，打小学到现在投稿没被退过这件事以后，我发现自己从小做什么事都不对劲，不顺利，最顺利的事就是写文章，因此，在大学里我就开始写文章，但也不是很勤的。我有一个很光荣的纪录是从小学开始投稿,到现在还没有被退过稿。

这可能就是三毛所讲到的写作的天赋了,但每个要想成为出色作家的人,与其小时候的经历是密切而难以分割的。除去读书好学,生命之中或者生活之中,早早被安排进了写作的敏锐因子。而一个作家也是需要精神支柱的,小的时候获得了相关的奖项这就是最直接的支柱。

就这问题,我曾经面对面地问过苏童。他给出的答案有三点:

第一个,一般喜欢文学的人,他的童年都比较保守而且沉默,年轻时所接触的生活与其作品的成长是息息相关的。

第二个,是说这个人出生年代的特殊性,使他对书的渴望比同龄人更深一层。

第三个,也是至关重要的,绝大多数人都有的经历。那就是所写的作品得到了身旁好友或者师长的认同与支持……

我想,这是一个作家成长起来的基本元素。但我还想补充一个理由,那就是每个希望成为作家的人都该拥有属于自己的思想。比如不要相信那些"历史"的真实性;比如不要相信人类是可以征服世界的永恒的动物……以至于更多。不知道三毛还活着是否同意我这样的观点。当然作家是不难做到的,难做到的是内心的境界而不是徒有一个虚名。纵观六路之后,我才知道原来所有的作者均有相似的体会。

然而写作中,希望命中更好的靶心时,很多人会劝你先停下。等上个一年半载,假如"缪斯之神"眷顾了你,你便可以重振旗鼓,弯弓射月。

> 写作在我生活中是最不重要的一部分,我离开台湾到西班牙去了,生活的改变以及其他一些事,使我停笔了。有位朋友每回写信总说,你不写实在太可惜了,因为你才刚刚开始写。我就跟他说,我现在正在改变中,这时候不想写东西,免得将来后悔。这位朋友是个编辑,他说,好的,我等你,我要等你几个月呢?我说,你慢慢地等。这一等,等了十年。

看来写作就是一件需要人鼓励和支持的事。接着她写道:

> 有一天,我坐在沙漠的家里,发觉我又可以写作了。所以,我觉得等待并不是一件坏事情,不要太急。

现在又有朋友在问我，三毛，你又不写了，要多久才会再写呢？我说，你别急，等我。他说，要等多久呢？我说，大概要另外一个十年。他一听，马上说，那不是等死了吗？我说，这究竟不是在我们自己的手里，如果硬逼着我写，反而写不好，而十年以后，我也许又是另一个面目出现了。

这番话我听了很顺耳，因为我的朋友也曾同样为这个问题问过我。他是我的一个同事，一起做市场策划。我们之所以会成为朋友，我想这不外乎有两个理由，先则是因为我们有缘，后则是因为我们都喜欢文学。

在我们的饭桌上，时不时地会蹦出一些关于诗歌和酒菜的主题来。他知道我喜欢写作，特别对诗歌情有独钟。然而他劝诫我，请我不要把目标定得"太理想"。就此说法，我就应该感谢他，因为事实不允许任何人超出这个"度"，在度的范围里永远是量变，而不再需要质的飞跃。因为在这样的年代，超越是毫无意义的。我的朋友担心我苦了自己，他反复叮嘱并且打了长途电话要我时刻牢记《三国演义》中杨慎的诗歌《临江仙》，并且背诵了下来，要我牢记于万千尘世之中。

滚滚长江东逝水，浪花淘尽英雄。是非成败转头空，青山依旧在，几度夕阳红。

白发渔樵江渚上，惯看秋月春风。一壶浊酒喜相逢，古今多少事，都付笑谈中。

他希望我简单地、健康地、快乐地生活，同时有点闲钱，又曾亲自做过自己喜欢的事情，这就够了。

写这篇文章之前，我们正在聊天。这一会儿工夫，忽然让我回想起了刚刚毕业时的情景。我被学校分配去实习，走进了一个帮派很多的小集体。但他们对我都不错，原因是我不喜欢参与各种纷争。

我想到几个最要好的朋友围坐在一起，那时我宣布了一个很雷人的想法，指挥大家拿起一瓶国外带来的人头马XO品尝起来。举杯共敬时我说："也许我们这辈子都不会再碰上。不会碰上相同的人喝着相同的酒……"果然，事不出我所料。马爹利的甘醇和着葡萄庄园的日光，在50年醇的浓度中尽享时光的繁华，烤杏仁和榛子的香味入口烘焙，留着甜蜜与冗长的回音。也正是因为偶然有过这样的胆量，我们比别人的经历以及值得留念的东西要多得多。

生活经验在写作中也占据了主要的地位。近期我还翻阅一本叫《小说门》的书籍，其中就个人经验问题谈开去了。

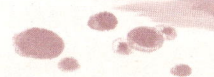

二是写作只是我的游戏之一。

谈到这里,三毛告诉我们她是一个很重视生活的人。在她的人生中,生活远胜于写作,然而写作仅仅是作为她生活之外的一种消遣而已。

人也许会问:你是不是游戏人生呢?我要说,我是游戏人生。来到这个世界本就是来玩的,孔子就说"游于艺",这几个字包含了多少意义,用最白话的字来说就是玩。我说的玩不是舞厅的玩,也不是玩电动玩具的玩,或者抽大麻的那种,不是,我的人生一定要玩得痛快才走,当然走不走不在我,但起码我的人生哲学是做任何事一定要觉得好玩的才去做,绝不会为了达成一个目的,而勉强自己。

后来知道自己在世上的时间,过一天就短一天,当时我就想:我一定要享受人生。

怎么享受呢?像我的《撒哈拉的故事》,比如第一篇《沙漠中的饭店》就是玩做菜,第二篇《结婚记》是如何结婚,扮家家酒,第三篇写在沙漠里替人看病,也是玩,还有一篇很好玩的叫《沙漠观浴记》,看当地的人如何洗澡。这些东西都是在心情很好时,发现自己的生活原来这么美丽，为什么不把它写出来呢？不知不觉就写出来了，并没有所谓的"使命感"或是"文以载道"，我都没有。

三是写作生活是需要自由和支撑的。

三毛说，一切以影响我生活的条件进行制约，包括写作。她在《哭泣的骆驼》中有一篇名为《尘缘》的文章里提到她写稿的真正起因，"还是为了娱乐父母"，也是自己兴趣所在，将个人的生活做了一个记录而已。

同时她感谢自己的丈夫，并诚恳地表示如果不是我的丈夫荷西给我自由，给我爱以及信心的话，我的写作生活，那可能连一本书都写不出来。

她也为荷西写作，自从住在撒哈拉沙漠开始，还写过一本

直接以她丈夫的名字命名的图书,她说自己是为了天空飞翔的小鸟、为了山间清流的小溪、为了宽阔的草原,还有为了梦中的橄榄树……直到荷西离开了这个世界,她与母亲的争执总算有了停息,也就从那时起,她重新提起笔开始了新一轮的创作。

后附:三毛在《我的写作生活》讲座中谈到的两个读者提问。

读者:《橄榄树》这首歌你是在什么心情下写的?

三毛:《橄榄树》是在九年前写的一首歌。我的朋友李泰祥先生要我写一些歌词,他催着我写,我一个晚上写了九首,其中一首就是《橄榄树》。因为我很爱橄榄树,我的丈夫荷西的故里就在西班牙南部,那里是生产橄榄最有名的地方。我当时写这首歌,也有流浪时的感触,现在大家听到的《橄榄树》其中有两句不是我写的,好像有一句是"流浪是为了天空飞翔的小鸟和大草原",我要声明一下如果流浪只是为了看天空飞翔的小鸟和大草原,那就不必去流浪了。这首歌我自己也不会唱,和我当初写的不一样。

读者:如果你有一个属于你自己的孩子,你会如何照顾他?(也许这个问题对于三毛个人来讲会是一个遗憾,但对于现今的一切来说,这过去的所有已是徒劳无益,丝毫不存在盘问的价值。)

三毛:我想他生下来的时候,我会用一块干净的布把他包起来,这是第一步。然后爱他,对不对?如果你有个小孩你怎么办?我想每个母亲都是用一块干净的布把他包起来,一包起来就表示对他的爱心。如何教育?很简单,爱他,爱是最重要的,我想是这样,我自己没有孩子。

但是,我和荷西约定只要我俩在一起,孩子还是不要出世的好。如果是个女的我会把她打死,因为我会吃醋;若是个男孩,荷西要把他倒吊在阳台上,因为我会太爱那孩子。

事后,我也讶异这样孩子气及自私的话竟会从一对夫妻的口中说出。

爱、希望和幸福,是上天给我们的礼物。三毛这样做,追求幸福的人都应该这样做。

写作不难

三毛说"我重视生活远胜于写作"。在一次演讲中她表示:"也许各位会认为写作是人生的一种成就,我很真诚地说一句,人生有太多值得追求的事了,固然写出一本好书也可以留给后世很多好的影响。至于我自己的书呢,那还要经过多少年的考验。我的文字很浅,小学四年级的孩子就可以看,一直看到老先生,可是这并不代表文学上的价值,这绝对是两回事。"

在三毛收到的诸多的信件中,有一封来自于一个十几岁的少女。现在这个女孩儿与我一般大或许应该比我大得多了,她应该做了母亲,做了别人的妻子。不知道,当她重新回忆起自己少年时期的忧楚时,又会有何种情感。

她曾写信给三毛,称自己是个喜欢写作的人。我却不知道为什么,这些少年都要苦苦追逐于写作的梦幻之中呢。

三毛的回信如下:

　　芳廷好孩子,你才十六岁,来信一句也不抱怨人生,只说喜欢写作,这是多么的难能可贵,因为我所收到的来信,大半是"人在福中不知福"的怨叹信,看了很使人灰心。

　　写作其实一点也不难,一开始的时候,尽可能踏踏实实地用字,不要写那种独白式的文体,写自己日常生活中所观察、所体验、所感动的真实人生。初写稿,写些实在的散文体和故事,避掉个人内心复杂的感受——因为那样写,便需要功力,毕竟虚的东西更难写。从故事开始试,人物最好不要一次出现太多,免得难以周全地在笔下刻画他们。

　　写作就和建筑一样,结构是一个部分,建材是一个部分,外观又是另一个部分,而这三样东西无论如何也是缺一不可的。这也就是我平常说的,做文章时不能忘记的肌理、文理和神理三个基本要素,其中的这些都是有生命的。

　　再说,所谓写作事实上脱不了一个"酿"字,心中有所感、有所动的题材,不要急着就伏案,急不得;将材料放在脑子里慢慢用时间和思想去酝酿它,自己反反复复地在心中将文章编织,等到时机成熟了,不写都不成。这就是一般人所谓的灵感了,此时写出来的文章必然不会太坏。

一般初学写作的人,往往心急着要把事情写出来,酿的时间不够,文章就会涂涂改改,总也难以使自己满意。此时多看好书固然是好事,可是看见他人写得如此深刻而自己不能,也是会丧胆的。例如我自己便真的丧胆了,越看越不敢写,不过我情愿不写,也舍不得不看好书。你的年轻和兴趣,就是写作最大的本钱,很可惜我们只是纸上笔谈,无法交换更多的心得。谢谢你的来信。

也许写作真的不是一件难事,然而能不能写好是关键。在过去的一些课上,有人就目前的文学发展趋向来看,对读者的阅读水平进行了一种分层认知。也就是说,在社会日益发展与变革之下,读者的阅读水平上将出现一种分群现象,这一点我还是赞同的。有一次,一个人对我讲:"嘿!你知道吗?现在他们在打击鲁迅文化。说那个鲁迅写的东西看不懂,真不知道他在说些什么。"仅凭这句话,这个假设便得到了证实。

所以说，写作更不是一件很难做到的事，这场革命到最终一定会颠覆掉过去只属于传统文学的帽子，变得和市场报告一样，需要进行细微的分类。然而什么不是这样子演变过来的呢？其实过去就存在很多文本，只不过主宰这个市场的依然是传统文学罢了。但是，如今社会如此亟须人才，又如此需要被人点拨，自然少不了类型题材的文学出现。那么，每一个能够真正写文章的青年们，又何尝不可做一次尝试呢？小于己，我们并没有对不住自己；大于国，我们也不会影响到它的发展，亦或许还为它奠定了另一条发展的途径。

一生最爱不能知，惟有隐身如文

当我走上文学的道路，甚而感知不是自己所能自持的。我也许放弃了一生中最爱的东西，比如画画，抑或最爱就是不可取，以至于把对他者的深爱，转换为起初最真实的想法：

将来长大了，去做毕加索的另外一个女人。急着怕他不能等，急着怕自己长不快。

——三毛《一生的爱》

然而长大以后，她为自己的这个心愿付诸行动。在丈夫荷西去世以后的几年里，她独自流浪过 54 个国家之多的陌生地域。其中她就去了毕加索到过的地方——巴黎。同时，在卢浮宫里，站在心爱的人的画作之前，久久出神的——就是三毛。

然而她并不是一个绘画天才，她在一次演讲上说她从未立志做一个作家，倒曾下过决心要当画家的妻子。这个心愿虽未达成，却因为这份最爱的残缺，成就了她后来的作家之路。

很多东西都不是我们所能评价的，比如一个作家的好坏。我们的判断取决于哪里？一个作家可以写一个好人也可以写一个不好的人，但我们不能就自身原则，决定那个作家就是个不好的人。实际上我们在评定一个作者是否合格的同时，常常和飘渺、虚无的目标联系在一起。谁都不可能超越永恒，就像谁都不可能成为最好一样，我们所追求的只是一份淡定，一份诚恳，一份感恩和源自生活的本真。所以，我认为好的作家必定被读者所喜悦，它在与文艺价值的衡量上可能成两条路，但实际上我们要的，不是看不见而是看得见的东西。她说：

> 本来，我的想象力是十分丰富的，在美术课上次次被扼杀，才转向作文上去发展了——用文字和故事，写出一张张的画面来。这一项，在班上是拿手的，总也上壁报。
>
> ——三毛《一生的爱》

看来失败是成就另一桩伟大事业的开始,三毛在上小学的时候,画画就画不好,用她自己的话来说就是:"因为美术课上画什么就不像什么,使我的成绩在这一门课上跟数学差不多。"读过她书的人,都知道三毛的数学成绩向来不好,甚至常常挂红灯,但这并不影响她的国文。同时从另一个层面上来讲,正是因为这等残缺,才塑造了这么一个情意真挚的作家来。后来,在一次美术课上老师要求他们画水果,可是这次她还是失败了。

也曾努力告诉自己——把水果想成是真的,看了想上去咬一大口的那种红苹果;用念力将蜡化掉,画出心中的水果来。可惜眼高手低,终是不成,而对于作为艺术家的美梦,再一次幻灭。这份挫败感,便又转为文字,写出"秋天的落叶如同舞倦了的蝴蝶"这样的句子,在作文本上,得了一个满堂红彩加上老师评语——"有写作潜能,当好自为之"的鼓励来。

——三毛《一生的爱》

这叫她如何不向作文转型呢?这和从小读过《红楼梦》又有着极大的关联。她的许多散文里,总会引用红楼梦中的一些情节来叙事。后来她又与漫画家"三毛"爸爸张乐平老先生成为直系,"流浪"成了她一生中的慰藉,也成了她生命中的一种必然。

她说:"我看的第一本画册,是我那个不上学的二哥给我看的西班牙大画家毕加索的平生杰作。"自那时起,她便将暗恋的种子埋藏于心中。可是她叹息,为什么自己已经13岁了,却不知道我的人生以及将来的命运,为此使得她心里忧闷而不能快乐。然而,她后来又说,这个不爱读书的哥哥曾经说起,他的志愿便是成为一个作曲家。在这一刻我相信,信念是可以帮助我们完成一切心愿的最有效的动力。三毛在书中说到过他的二哥,后来他真的在维也纳,成为了一名颇有名气的作曲家。

看到这里我也为他们感到高兴,在我朋友的身上就曾发生过这类事。一对感情很好的姐妹,她们站在教学大楼的走廊里看别人如何游泳。其中年纪偏小的那个人说:"我要是有那个女教练一半的技能那该有多好啊,那我肯定也能像她一样快乐而自由地舒展身体。"而那个年纪稍长的女孩接过刚才的话题说:"我只想有教练的三分之一的技能就满足了。"于是她们换上泳衣同时入水,朝向各自立下的目标开始努力学习。时间没出三天,那个年纪偏小的孩子已经把基本的动作技能学会了,同时也超出了她之前说的一半的水平。而那个相对年长的女孩却什么也没有学会,停留在最初的阶段,生怕不小心就会将自己送下水去。

故事讲到这里,我们是不是明白了一个道理?其实定下的目标在很大程度上已经决定了收获的成果,同时你的表现占据着很多无限的可能,而这种可能就是我们通常意义上所理解的努力。所以说一个有理想的人,定会朝着那个方向一步步前进的。

> 他在法国的那幢古堡被我由图片中看也看烂了,却不知怎么写信去告诉毕加索,在遥远的地方,有一个女孩子急着长到十八岁,请他留住,不要快死,直到我去献身给他。
>
> ——三毛《一生的爱》

好成熟的一个女子,想当今社会也没有几个能像她这般直白而率真的人存在吧。她后来又说,这一生,由画册移情到画家身上,只专情地对待过毕加索一个人。然而没等到见到他,他已经于1973年4月8日逝世。

她因为曾移情于毕加索,希望自己快快长大。因而尝试了各种能使自己快速成熟的方式,去感受那种间接的人生体验,最后她表示,这种急于长大的心态,使得她失落了今生无法再拾回的少女时代。她说至毕加索死后,她对要嫁一个艺术家的想法,便再也没有过了。

> 许多年过去了,西柏林展出了毕加索"性爱素描"的全部作品。我一趟一趟地去展览会场流连,方知性爱的极美可以达到画中的那个深度。那不只是《查泰莱夫人的情人》这本书教给我唯一的感动,那又是毕加索的另一次教化。
>
> 我知毕加索的灵魂正在美术馆中审视着我,而我站在那一张张巨著之前,感激的却是那个动了怜悯之心带我去擦血的军官。如果不是当年他墙上的一幅画,我如何能够进入更深的殿堂之门?
>
> ——三毛《一生的爱》

对于一个热爱技艺的人来讲,任何一座艺术的殿堂都可能成为他流浪的家。落叶、清秋,许多梦化作记忆,飘至窗前,我也曾静静地坐下来，走到窗台上望天空的明月。我们所知晓的世界，常常蒙着未知与期望，这两种物质在不断的构成与分裂中重新组合。我也曾想过一生中最爱的是什么。这个命题在我读初中的时候，老师就已经布置给我们了。那个周记的题目叫做《我的财富》，我还清楚地记得，因为老师不理解我为什么会把别人眼中最不珍贵的东西视为"财富"而感到惊异时叫我去了一趟办公室，责令要求我重新写一篇作文。当时，老师并没有说我必须按照原型去再写一篇过来，而是随我写什么，随我怎么写，只要拿出平常的水平来就够了。结果，我出乎老师意料地重新写了一篇文章，它的题目还是叫做《我的财富》，大致讲述的内容也与先前的差不多。那篇文章，我并没有发挥出自己所有，也没有很认真地去对待它所存在的必要性。我只是随随便便的，并且我不懂得"财富"对于一个年仅15岁的女孩来讲，这算得上什么东西。

过去，我的作文常常在教室里被老师当作范文念给同学听。也因为这种鼓励，促使我走上热爱阅读的路。可这篇文章成了我从小到大，唯一一篇只批改了及格的作文。（然而，这也是我从姐姐的周记里唯一抄袭下来的一篇文章。她们的作文好像用不到评分，我抄的时候没有看见她得了多少分，只是一两句简单的评语把它概括了。）原本我也在愧疚，我的每一次周记后面老师都会附上同等行数的文字作为回礼。他们曾在忙忙碌碌中，因为我的周记，挑选出来，在静坐的午后写上一段、两段出自肺腑的言语。世上有太多奇人异事不能言明，我们这些小孩家的事，根本没什么重量。

但想来，那些文字与文字的碰撞还是蛮珍贵的。可它们却因为我那干脆而未完善的脑子，想象我将来能写得一定比现在强。因此，我把所有获奖以及学生时期写的周记，统统丢弃而早已不知去向。

后来为完成这篇重写的稿子，我依旧将"财富"之文进行到底。我把写好的文章收好，再次交上去的时候，我的老师就问我："你明明写不好'财富'这个话题，为什么还要写同样类型的一篇作文呢？"此时我是羞愧的，但我却不明了人生之中能堪称为"财富"的东西究竟是些什么。如今我算明白了，真正能称得上是"财富"的东西必定与一个人的"性命有关"。然而，这对于每一个不同的生命阶段的人来讲，所拥有的最高"财富"也是不同的。

其实我对它的印象并不深刻，这同时表明我所写的"财富"并非我真正认识到的财富。但我好像记得，我曾以满足精神的财富，为这篇文章的主要思想。假如借用马斯洛定律的需求五层论来讲，这可能是人类追求的最高境界。如果满足了生理以及一层层高至顶层的精神需求的话，一个人就再也不会感到失落。当然，这个命题是需要立足点的，也就是我们一直所追求的事物的永恒性，比如永恒的美好。也许是我把精神追求作为了"财富"，所以老师也听得云里雾里，勉强给了我一个"良好"。这可能与我那"执迷不悟"的个性有着片面的关联。

在三毛《我的宝贝》一书中，她提到了人生中最具备价值的几件礼物。那些礼物中有荷西送她的骆驼头骨，也有她买给荷西的公仔娃娃，一些采集来的纪念品，以及她生活中所占有过的足迹。这些东西对她来说就是"财富"，也等同于她一生的爱。如果一个人，常常因为外界的诱惑而变得迷离，那么这个人必定不会因为生活的重心而感觉可贵。但三毛不是，三毛是一个重情重义，为之所爱甘愿付出其一生的女人。

因为喜欢老师，她喜欢上了画画；因为喜欢故事，她喜欢上了漫画中的人物。但是，她最终不能实现绘画的梦想。在她笔底，这曾作为她最大且最爱的追求时，她显得无能为力。而后，她接受集体教育的约束，从一个热爱着画画的集体中逃脱出来。于是，她惊奇地发现，原来自己还有一个编织故事的能力。她说那是在班里数一数二的，这种发掘也正是作家三毛留给我们的最初的印记。

当她成长为一个少女，在几经人生之爱的旅途中尝试过死亡的滋味。她扛着伤痛，返回大陆，远走西班牙，去寻找真正属于自己的那份平静与自由时，她为了理想远走高飞，在异地邂逅了一场沦为终身的爱情。她曾尝试着以不同的状态,评鉴人世的恩怨。她还成就了自己少年写下的《拾荒梦》,真正地作为一个"探宝者"而感到无比幸福时,好容易在波涛起伏的生活中找到了那么一丝丝尖锐的平淡,却又有厄运之手伸进她的肺腑,从她最爱的人身上悄悄地夺取了性命。

——此时,她沦为生命的囚徒。我在奥威尔《1984》一书上看见过这样的定律:战争 = 和平;自由 = 奴役;无知 = 力量。

这种定律第一眼看上去毫无理由,仔细想一想,发觉它也不乏道理。难道一个人所追求的某一层面中的自由,不会使自己无意中陷入奴役的角色?难道"无知者无畏"这种社会实践还不能够证实,许多很有胆识与魄力的人其实他们在开始完成某些功绩的时候往往不会预测到下一秒发生的事情,但他们坚持了自己的信念。而人们往往会看到聪明反被聪明误的现象

存在着。

也许爱，对于一个已经拥有过一切的女子来讲，她所承载的重量，不过是把自己最深最沉的快乐隐藏起来那么简单罢了。因此，我这一生所不能知的最爱只能将其隐匿到文章中来，这才可能使自己变得更好，更欢快。

不真实的事情我写不来

我不知道,别人对于不真实的事情,为什么能够写得这样自如而且轻松。当然这期间,想象力是起到很大作用的。

只是,想象力依附于未知的事物。越是未知的东西越容易让人产生好奇和幻想,扩散思维也是从那些混沌的东西中发掘的。比如,一个理智的人他不会以为:

> 我说星星像礼花一样缤纷,你说是我的睫毛沾满了花粉
>
> 我说小雏菊都闭上昏昏欲睡的眼睛,你说夜来香又开放了层层叠叠的心
>
> ——舒婷《黄昏》

为什么孩子的想象力要比大人强？在他们的心间有神,有天,有地,也有另一个世界及向往。他们比我们更容易相信,梦是真的,天是蓝的。而理性主义占据内心的时候,你会发现过多的想象都在"科学"的印证中,变得越来越狭义。

从我实际写作的经验来看,我发觉诗歌原是最本真的东西,他较小说真实得多,但装饰得好便不容易被人察觉,好像保罗·策兰那样。

也有人说散文是最真的一种文本,实则在散文这种形式上,有多种多样的表现手法。记事的,也可能有所夸张;内心的,也可能隐匿得更多。虽然很多人坚信,写作是赋予生活之上的另一种诉说,然而没有一个作家会在反复的生活上做着清淡的描写,文字所具备的能力不但延伸了口述的保存价值,而且为平淡的故事增添了新鲜感。

三毛说,不真实的事情我写不来!

我希望不要再等十年我就能够再拿笔写,我以后要走我的路,找寻我的路,但是有一点,我知道我做不到的,就是写不真实的事情。

如果有一天你们不知道我到世界哪一个角落去了,因为我又要走了,你们也没有看到我发表文章的时候,也许你们会说:"三毛不肯写,因为她不肯写假话。她要写的时候,写的就是真话。当她的真话不想给你知道的时候她就不写。"

——三毛《我的写作生活》

通常我们知道,作文章首先应做到"修辞立其诚"。这是说做文章要从心出发,要讲真话的意思。在我的理解中文学应是一种生活状态的再现,它既是一种生活,又能脱离了真实而存在。

而文字反映的,是一个人的美学鉴赏、思想境界、情感认知的全部过程。法国精神学家拉康说,潜意识的结构是语言。语言是人在潜意识内已经成型的东西,这种东西就被称之为"思维"。如何有效地捕捉思考的精髓,是作文过程中最为关键的。

这种黄金思维出现的比例很低,但它因人而异,甚至从它的出现开始,可以编织出一张巨型的长卷。例如,《神曲》就是一部奇迹。

很多年轻的文学爱好者,常常会遭到这样的盘问——你究竟为什么而写作?

这声看似严厉的询问,也可能暗藏一个老人含辛茹苦的一生;也可能是,作为一个作家应具备的最初条件;再来,将是不得而知的。

而这询问,都将对付一个文学以外的普通人。

一些文学爱好者他们面临的第一个问题,不是自己写什么,却成了为什么写!虽然一些人,是为了达到自己的目的在写作,但是我相信,无数的艺术大家都诞生在真实的时代中,他们以其内心的真、善、美为追求,而不是想当然地求名利、求权势在写或说生活。

"作家"不是一个好的群体,比如他们带领女性相信爱情,走在电视剧、小说和眼泪里,品尝小资带来的月光之旅。一个作者在《爱情》这样的诗歌里,写到过电视剧里的男女主人公,不知道还有一个过程叫做后期剪辑,而剪刀发出的声音正是那一遍又一遍的爱情。而他们,又会让女人甘心情愿地信任生活,爱上痛和情不自禁的誓言。他们对现实的混乱表现得很沉稳,有时褒扬历史中颓败的遗迹,有时混淆了一个说明问题的简单答案。而后来我们发现,语言所具备的职能,往往靠自己估计。

如此说来,思想便具有毒性。

我相信真正的作品诞生于干净的心灵,它向人敞开,并赋予绝对超群的智慧。

我深信写作目的决定作品的价值。而这种价值,在日后的生活中将被发觉:一种,则是实现了你"动机"的价值;另一种,则实现了你"自身"的价值。

因此我觉得文学的真正乐趣不在名利,而在于它向我们打开了一扇通往无限之门的可能,并使我们的生活获得了极大的自由与富裕。

能在写作中找到自身的影子是快乐的。而这种快乐,不建立在任何地方。它是一种过程,形而上的满足。因此,读者也愿意见到写作的真实性。

当然,这与类型文学中的特殊结构不能同比。因为这世上充满着各式各样的气场,使得文艺作品要在这各式各样中找到多姿多彩的市场。不是所有的书,都会向你打开正确的大门,只有在一定的知识储备以及个人的追求、爱好中,才得以使类型文学中的一个门厅向你敞开。

当然,三毛在这里说的"不真实的事情我写不来",不单单指那些说了假话的人,还给出了一个明确的写作态度。而她说的真实之事,并非必须建立在自己的身上,只是她期望不在自己的作品里欺骗善良的读者。

其实要做到上面这一点很难,文学作品是很少不具浮夸的。我们说得夸张不是虚构,而是某些直觉,某些触动,不能让所有人都感受到。这就是让人觉得不惬意之处。

在三毛的作品中,我们常常能读到她对所见所闻的描绘。比如在撒哈拉沙漠中所遇见的一个女孩的婚礼,还有那些沙漠生活给她带来的喜怒。

然而她还是一个坚强的人。在一次演讲时,她的读者问:

"《橄榄树》这首歌是在什么样的心情下写的呢?"

她说:"我很爱橄榄树,我丈夫荷西的故里就在西班牙南部,那里最有名的就是橄榄树。但我当时写这首歌,是5块钱就被买断了。后来他们又转卖给新格,所以在版权上有一些问题。这首歌我不会唱,有两句歌词也不是我原先写的,我要声明一下,如果流浪只为去看飞翔的小鸟和大草原,那就不必去流浪了。"

"你们不要因为没有流浪过,而把流浪想象得那么美好。"很多人总是误会我,说我是个不着实际的女人,爱幻想、天真或者浪漫。实则,书上的三毛与现实中的我,相差得很远。你们看看自己在谈恋爱的时候,是不是把另一个自己隐藏起来呢?

既已如此,做人和做文章便是一回事。说到这里,我和一个朋友曾为了"做人"这个道理聊过几句,当然我不是一个充分的合格的做人者。我们往往最不习惯的看法是,出于自己所认为的理所当然的想象,那是因为觉得别人高于我们,比我们高明。我们这些思想的淘汰者,总以为按部就班地恪守己任,是讨好良心和做人的基本法则,我这样想但不知道所谓做法,应以他人的角度来取悦生活,而不是自以为是地活在其中。当人这种物质团结起来诋毁别人的所作所为时,内心竟然觉得一种莫名的兴奋。这姑且算是一种人性的表现,他们好喜、好悲、好攀比,也因为欲望而感到自卑。

我们所需要的是一个真实的环境，但我们并不知道有些地方不容许绝对的事实，有些现象要比冰冷更残酷，像我诗歌中描述的那样："一切钟情始于烟火的瞬息／一切感动止于火焰的冰刃；火中的冰拿着爱情的饭票，宣扬道德。"

我相信三毛所讲述的故事是真实的，那沙漠只是一个幸福女人的内心故事。我也不避讳地讲，没有一个人的话是完全不加修饰的，而修饰本身就是多余的。

其实，细究她的作品便能发觉，她的生活并非我们想象的完好无缺。而且，命运丢给她的是一个空虚的窝，没有床，也没有隆重的婚礼，还没满7年平淡的婚姻，没有孩子，这一切就已经结束了。

有关死亡，这个不可触摸的题目早已被他俩计划多时。她说，我会与荷西躺在一起，等两个人都准备好了，就一起喊："一、二、三。"然后一起死去。她还说我不喜欢做三毛，这当然是后面的事情。她一点都不喜欢这个被扮演的角色，因为"三毛"，使她无论在哪里都会被人认出来。而她自觉："其实我的外形和在沙漠时代，已经是完全两个不同的人了。"

也许正是因为这种觉悟，中年的她才写下了："我们不放弃任何事情，包括记忆。"你知道，我从来不望你埋藏过去，事实上过去没有必要，也没有可能从生命中割舍。我们的今天，包括一个眼神在内，都不是过去重重叠叠的生命造成的影子吗？

第三章 命在两重天

1 为自己的出征续缘
2 生命不能承受之轻
3 论生命之完结
4 论三毛的幸与不幸
5 论梦幻之梦与现实生活

为自己的出征续缘

有关三毛的死因众说纷纭,截至目前,媒体依然以三毛自杀在医院的真相告知大众。之前虽然有张景然写书反驳三毛自杀的一些情况,但最终也未能证实其真正的死因究竟是什么。

这是三毛的父亲在她死后写的一封信:

你只身去了大陆一个月,回来后的第一件事就是交给我两件礼物。你将我父亲坟头的一把土,还有我们陈家在舟山群岛老宅井中打出来的一瓶水,慎慎重重地在深夜里双手捧上给我。也许,你期待的是——为父的我当场号啕痛哭,可是我没有。我没有的原因是,我就是没有。你等了数秒钟后,突然带着哭腔说:"这可是我今生唯一可以对你们的报答了,别的都谈不上。"

说毕,你掉头而去,轻轻关上了浴室的门。

也许为父我糊涂了,你从大陆回来洗出的照片,尤其是有关故里部分的,你一次一次在我看报时来打断我,向我解释——这是在祠堂祭祖;这是在阿爷坟头痛哭;这是定海城里;这又是什么人,跟我三代之内有什么关系……你或许想与我谈谈更多的故乡,而我却并没有提出太多问题,可是我毕竟也在应着你的话。你在家中苦求手足来看照片,他们没有来,你想倾诉的经历一定很多,而我们也尽可能撑起精神来听你说话,只是因为父母老了,实在无力夜谈,你突然寂静下来了。把你那百张照片拿去了自己公寓还不够,你又偷走了我那一把故土和水。

不过七八天前吧,你给我看《皇冠》杂志,上面有一些你的照片,你指着最后一幅图片说:"爸,看我在大陆写的毛笔字——有此为证。"

却忘了,那时的你,并不直爽,你三度给我暗示,指着那张照片讲东讲西,字里两个斗大的"好了"已然破空而出。这两个字是你一生的追求,却没有时空给你胆子写出来,不然不会这么下笔,而我和你母亲尚在不知不觉之中。

三天之后的你,留下一封信离开了父母,你什么都没有拿走,包括给你走路用的平底鞋。我看完了你的信,伸头看看那人去楼空的房间,里面堆满了你心爱的东西,你一样都没有动,包括你放在床头的那张丈夫的放大照片。

我知道,你这一次的境界是没有回头路可言了。也许,你母亲以为你的出走是又一次演习,过数日后你会再回家来,可我推测你已尝到了当神仙的凄凉滋味。或者说,你已一步一步走上这条无情之路,而我们却没能与你同步。你人未老,却比我们在境界上快跑了一步。山到绝顶雪成峰,平儿,平儿,你何苦要那白茫茫大地真干净?

在你与我们同住三年之后,突然而去,这中间其实没有矛盾,有的只是你的渐悟和悟道之后行为的实践。

你本身是念哲学的,却又掺杂了对文学的痴迷,这两者之间的情怀往往不同,但你又看了一生的《红楼梦》。《红楼梦》之讨你喜欢,当是一种中国人生哲学与文学的混合体。平儿,我看你目前是情虽破但尚未"了",还记得你对我说过的话吧?你说:"好就是了,了就是好,若不了便不好,要好必须了。"你答应过你母亲不伤害生命——肉体不了,精神不可单独了断。

依她父亲所言,三毛是个任性的人。文中讲到女儿的死,母亲却以为这是女儿的又是一次出走演习。三毛也曾深受《红楼梦》的影响,在文章中时常引用那跛足道人的话来说:"可知世上万般事,好便是了,了便是好;若不了,便不好;若要好,须是了。"她的父亲在信的后半段也泄露了无奈。

曾经看过一本评写三毛的书,从中引用了她当年的一些好友所讲的话。比如,王洛宾先生说:"去世后的你,救了

我两次……"

陈达镇说:"你去世后的头七天,晚上和朋友们约好,第二天去庙里为你烧香的,入睡的后半夜,我被一个梦吓醒……"

你说:"伟文,记住了,要是有那么一天,我活着不能回来,灰也是要回来的。这里也是我埋骨的地方,到时候你得帮帮忙。"

你还说:"孤独的心,在寻寻觅觅中,总也找不到自己,等你找到了,宛如一片洪荒……"

你的一生像一个完整的总结。一个人世情长的句号早就在你的心灵深处画圆,谁又去注意它了呢?

你也在《不死鸟》中说过:"一个有责任的人,是没有死亡的权利的。"1990年,你在回答一位有厌世倾向的人时说:"如果自杀可以解决问题的话,那么世上就没有活人了。"然而你依然不顾一切地去了,难道这就是你所说的,对"生命的把玩"吗?

如果真像你在文章中说的一样,"我这一生就要把它痛痛快快地玩掉",那么你怎么可以做这样的终结?难道死亡于你也是一种游戏,或者说它更像是另一场旅行?很多人对你的死因争执不休。然而,你对死的不畏惧,早在那些后期的杂文里面呈现了出来。你说:"出生是一场旅行,死亡难道就不是另一场出发了吗?"这句话我已背熟,并与那句"宠辱不惊,看庭前花开花落；去留随意，望天上云卷云舒"一并做了自己的座右铭。然而，它们也不仅仅是座右铭而已，因为人在不同阶段将要面临的挑战和应对都是不同的。

你对生的盘问问得真好，却不能去以身作则。你的话讲得是多么感慨，浓烈的内心压力像气压一样在身体里膨胀。我曾向母亲介绍了你，她对你的感觉很好，也和我一起摘抄了不少经典的妙语。然而，我不知道我们这样的做法是不是徒劳。可是时过境迁，当母亲再度翻阅你留在她笔记簿上的言语时，她郑重地对我说："这是个受着强大压力的，且无法承受生命之重的女人。"

我一时惊呆了，想来却也是有道理的。母亲说从她的文字里可以看出，这个女人生活得很痛苦。也是因为历经许多，才会对生命有这么强劲的认知，包括友谊、爱情或宗教，而这应该是她人生中最重要的三部曲了。

她在后期写的杂文里讲到最多的便是人生、友谊，还有开得满山遍野的爱情之梦。也有对命运的参悟，她比谁都更早地预知了未来（这个在他父亲的信里也提到过），然而这也是她在选择死亡前，为自己的出发积聚友情和爱情的机缘。有人说她在死前没有留下任何遗书，然而我看见在她的经历中，一些反映在文字间的秘密里写着她对生活的慈悲，与想要解脱的渴望，还看见了那些孤独的走向迷失的心灵遗训。

谁都不希望在人生最光辉的时候逝世,特别是对一个名人来讲。于是,有人觉得人生怎么只赐予我一百年的寿辰——这太短了!因为我们知道,除去休眠剩下的时间只有2/3,而人生彻头彻尾地计算起来也不会超过50%的可用时光,那么还有自己的童年(那些无意识的生活状态),还有老年,这样加起来人真能风光的时间不会超过几十年。是长是短,尽可自己衡量。

当然每个人的选择终究会有自己的原因,有的人会说我"故作慈悲"。很多人在面对死者的时候会说:"我谅解那些自杀的人……"实际上这根本不可能。我知道许多经历是可以复制的,但我们对于死亡这个结果所产生的思考顶多出于尊敬或信仰,而不是真实意义上的"理解"。因为我们根本无从理解,我们也无法拿他人的思想去鉴定这样的选择是对还是错。

如今的一切,最为宝贵的就像她父亲所陈述的那样:"你答应过你的母亲不再伤害生命——肉体不了,精神也不可单独了断。"

实际上誓言是虚无的。而我们除了守护那些永恒的精神财富以外,我们将清楚地让人们知道:有的人死了,但她的精神却永存。

生命不能承受之轻

第三章 命在两重天

有人写了一篇文章,题目叫做《三毛你为什么失约》。看来,理想永远要比现实近一步。然而,这想想的事也并不一定要实现了才叫真实。

前一段时间,南方的一家报纸神秘兮兮地刊发了一条"独家新闻",说有一个人(自称是三毛的朋友)专程到撒哈拉沙漠去证实三毛书中所写的生活,结果根本没有看到"一花一世界,一沙一天堂"的世界。后来他又千里迢迢到荷西的母亲家,了解到荷西的母亲及妹妹根本就不喜欢三毛,甚至对他们的婚事也一直耿耿于怀,认为三毛并不是一个讨人喜欢的人。又说三毛与荷西的爱情并不美好,甚至是感情不和,是她过分夸张了两个人的爱情。并由此下结论说,三毛一直过着虚伪的生活,她欺骗了读者。

有时我真的难以明白,为什么许多人都愿意为死者生前的事情而耿耿于怀。人家的好坏,又与我们何干?假如提供这篇报道的真是三毛的好朋友,那么他不希望三毛过得更好吗?对于语言来讲,文字永远是一种美化;而语言本身确是一种夸大。假如这些都是真的,我们知不知晓又有多大的区分。然而,人的内心是奇怪的:它带着好奇与惶恐,探索在别人的生活里,为的就是解决一个单纯的问答。

我相信它不排除真实的可能性,但肯定夸大。

我认为三毛的理论是对的。首先当她遇见一些似是而非的事情时,她的态度就是"不理它";其次她还认为一些无关于他人的事情,怎么做或怎么说,只要对他人无害的自己又觉得高兴的事,那就应该心无旁骛地去做。

写这篇文章的人，对上面那段话最后做出了这样一个总结。他说："在利益的驱动下，一些报刊的文化交流功能日益减弱，它可以随时出卖那些被它曾经捧上天的人。"

三毛死前，也曾友好地接受过《小燕有约》吴利君的采访，当时虽然她重病在身，却一直惦记着刚刚完成的剧作《滚滚红尘》。她也曾在逝世的前几天给贾平凹先生写了一封长信，信的最后她对贾平凹先生讲，如果身体好转些，就在四五月份去西安拜访他……但她最终还是违背了自己的意愿，久久地远行在这个世界的上空。

有时候人并不是不想活下去，只是事到尽头，迫不得已。她在《撒哈拉的故事》里曾写道：

> 我过去有很严重的过敏性鼻病，常常要打喷嚏，鼻子很容易发炎……这次连续打了二十几个……一共打了一百多个喷嚏，我已经眼泪鼻涕得一塌糊涂了，好不容易它停了几分钟，我赶快跑到窗口去吸新鲜空气。
>
> 荷西站在一旁，满脸不解地说："医生根本没有医好嘛！"我点点头，又捂着鼻子哈啾哈啾地打，连话都没法说，狼狈得很。
>
> ——三毛《死果》

接着她的喷嚏打到了流血为止，于是又开始闹起胃疼。在文章里她是这样写的：

> 过去我常常会呕吐，但是不是那种吐法，那天的身体里不只是胃在翻腾，好像全身的内脏都要呕出来似的疯狂地在折磨我，呕完了中午吃的东西，开始呕清水，呕完了清水，吐黄色的苦胆，吐完了苦水，没有东西再吐了，我就不能控制地大声干呕。
>
> 荷西从后面用力抱住我，我就这么吐啊，打喷嚏啊，流鼻血啊，直到我气力完完全全用尽了，坐在地上为止。……躺了一下，奇怪的是，这种现象又都不见了，身体内像海浪一样奔腾的那股力量消逝了。我觉得全身虚脱，流了一身冷汗，但是房子不转了，喷嚏也不打了，胃也没有什么不舒服，我对荷西说："要喝茶。"

——三毛《死果》

我看能写出这样"痛苦的"文章的人，多半是有过确切经历的，因此我相信三毛在其散文里的描述是真实的。为什么会有人觉得她的描述存在虚假性？那么引用《拾荒梦》里的一句话去回答他，原话是这样说的："垃圾虽是一样的'垃圾'，可是因为面对它的人在经验和艺术的修养上不同,它也会有不同的反应和回报。"

因为人的心境不同,生活环境不同,所做的一切事务也会不同,因此其内心所看见的东西也就不同了。但在《死果》这篇散文的后头,她又描述道:

> 这个奇怪的胃开始抽起筋来。我快步回到床上去,这个痛像闪电似的捉住了我,我觉得我的胃里有人用手在扭它,在绞它。我缩着身体努力去对抗它,但是还是忍不住呻吟起来,忍着忍着,这种痛不断地加重,我开始无法控制地在床上滚来滚去,口里尖叫出来,痛到后来,我眼前一片黑暗,只听见自己像野兽一样在狂叫。
>
> 我坐起来,又跌下去,痉挛性的剧痛并不停止。我叫哑了嗓子,胸口肺里面也连着痛起来,每一吸气,肺叶尖也在抽筋。这时我好似一个破布娃娃,正在被一个看不见的恐怖的东西将我一片一片地撕碎。我眼前完全是黑的。什么都看不见,神智是很清楚的,只是身体做了剧痛的奴隶,在做没有效果的挣扎。我喊不动了,开始咬枕头,抓床单,汗湿透了全身。

——三毛《死果》

强烈的病痛折磨，有时会让人失去心智。一切痛苦的疾病不是一时间即可修复的，而是要经历漫长的调理，才会慢慢地康复起来。从三毛生病的几次经历来看，只能从中看到她一次又一次痛苦地加重病情。我也是怀疑，她为什么在生命的最后时刻，选择了死——来结束属于自己的全部财富。生对于她来说，那一刻是多么的痛苦。

有一次我去医院探望一个久违的朋友，他正在病重期间，因为一生未娶所以也没有孩子，他只有一个上了年纪的妹妹在国外定居，这就造成了这位朋友孤单一人的局面。他的癌症已到了晚期，一个人面对着巨大的痛苦与不安。时间一久，病情不但没有好转反而加速了恶化。对于一个上了年纪的人来讲，健康的日子，过一天就会少一天。他开始不能自理，最后只能喝些米粥来充饥。但他很顽强，拼尽全力地为自己争取时间。他躺在床上不能动弹，只能靠嘴巴吃力地咬着笔与我们交流。每当我看见这位朋友熟睡的时候，我在想——是什么给了老人如此坚强的信念。

在这期间，我在网上阅读到一篇短文，它在开头就写了，你不要害怕孤独，因为没有人有义务必须对你好，而对你好的人，一定要珍惜和感恩。我不能相信，一个人最后所谓的离开，即将预示着一场新的开始。有时生命中所发生的一切，足以使人感到措手不及。而人在遭受到黑暗的压制时，往往要孤独地面对。

因此，没有人可以一辈子守在你身旁……

还有一个朋友，他全身麻木后倒在了地上，我去观察室探望的时候，他以痛苦的表情告诉我，他是多么愿意重活一次，去改变坏死的身体状况。他一个人生活，我算是比较要好的朋友了。那一天我在陪夜，他却告诉我说他真的不想活了。他央求我将氧气拔掉，他说活得太痛苦，不如一了百了算了。那时候我的心里感到忐忑不安，我害怕得眼泪就要掉下来了，慌张的情绪比医院的走道要漆黑许多，我不知道拿什么去安慰可以使他好过一些，我紧紧拽住他的手告诉他说："一切马上会过去的。"随后我去叫来医生给他打了镇静剂，我当时在想，有时候生命之中，最不可或缺的就是信念这件宝贵的东西。

当他再次醒来的时候，明显平静了许多。他的记性很好，知道自己说过那些话。办完出院手续的那一天，走在阳光下的朋友看上去脸色不错，他说人在患难的时候身边有一个朋友真的很可贵。他拍拍我的肩膀，向我保证："以后，无论如何都不会轻易地放弃生命了！"

上学的时候，我学习过欧·亨利的小说。其中最著名的是《警察与赞美诗》以及《最后一片藤叶》。在后一篇小说中，写到的女主人公也是一个重病患者。她把自己的生命，随便安置在一棵树上。她说只要等到树上的叶子落完的那一天，她的生命也就结束了。于是她的伙伴去央求一位从没有画出过杰作的老画家,这位老画家在听了她们的故事之后,答应去对面的墙上画一片叶子。那一夜风雨交加……老人登上梯子如期完成了画作,第二天当病房的窗帘拉起,女主人公看见树上的树叶还在,就有了生的希望。当她把心态转暖的时候,她的身体状况明显健康起来。然而老人却因为受到风寒去世了,这幅留在墙上的画最终成了老人这生中最杰出的作品,而他创造了挽救生命的奇迹。

我上面讲到的那个患癌症的朋友,就是一个非常坚强的人。然而,年迈的他最终没能够逃过命运的安排。老人虽然走了,但是他表情安然、祥和。出殡的那一天来了老人的很多学生,还

有我们社团的一些领导。我们在沉默中默哀,当四面的墙壁上都挂满挽联,一阵哀乐响起,人就开始流眼泪。

想想昨夜的事,其实还那么近,今宵开始却相隔幽冥。

我不习惯看到的事情终于发生了,就像人们讨论一个名家的死。该散的人散了,最后只留着几个人。他们中间有想达

到目的的，也有真情真意痛哭的。有时回头再想想，这种场合，怎么还有人含笑不止呢？难道过去的一切都在做戏么？死亡终究是一个人全部的所有么？还是那些出殡的人，像《局外人》里写的一样，没有一件事情是不能习惯的？还是这类事情看得太多了，因此就丧失了怜悯呢？这是我最气愤的，也是我最不能接受的。

所有死者对生的买卖亦没有做成功，却对死的买卖情有独钟。然而对死者的买卖，怎么连做也没做一会儿工夫，她的全部生活就都烟消云散了。这是为了环保吗？看来，没有一种事情，能像加缪的母亲形容的那样绝望；没有一种痛苦能比习惯了来得更自然的。可以说我从没有见过，这五湖四海之人竟可以在一天内赶到同一个地方。我们相信这世上的多种传言，此刻，陌生的人会一个紧接着一个地挨近我们，传言这就是友情。而我们在黑夜迷失了光明的时候，寻找身边的人，蓦然回首间全是远离的人。也许在这一天，令我深信不疑的是，原来人生最热闹的是去赶赴一个生离死别的场面。

三毛也许，早就参透了这样一番道理。万水千山走遍，她都在寻找着生命中不同的契合点。谁知一切安排都逃不过病痛的折磨。1991年1月，病痛又开始像洪水猛兽般地折磨着她。再加上她自己的担心，她什么事情做不出来呢。

三毛一生的命运真不像我们所看到的这么完满。谁没有快乐地生活过？但谁又没有生活上的烦恼呢？这个必然是可以不讲出来的。从三毛写书起名的大致方向来看，这人也是一个"悲伤的囚徒"。比如她最先出的一本集子《雨季不再来》。按她自己的说法，这是一本万般无奈下催逼出来的书，假若她不亲自上阵，也是会被拿去合成集的。另外像《哭泣的骆驼》《梦里花落知多少》《万水千山走遍》《谈心》都是她著名的著作；像《撒哈拉的故事》里面也有这样的名字，例如：《死果》。

很多时候，一个人是无法给予自己绝对的希望的。即使给了希望也常常会落空，不如学着向行动迈进一步，使我们更容易接近成功。

三毛的爸爸，陈嗣庆在一篇题为《女儿》的文章里这样写道：

我的次女陈平是一个先天条件极度贫乏的孩子。在她二十岁以前，无论健康、脾气、观念、敏感、任性和自弃，都是少见的。在她少年的时候，她的母亲和我这个做父亲的，可以说，因为家中有这样一个刚烈孩子，过的是心灵上备受欺凌的苦日子。那些年她常常要出事，使得我们日日夜夜生活在恐惧里。

在生活上，我女儿不穿、不吃、不睡、不息，没有电视机——不看，没有男朋友——无情。连一辆二手货的汽车在去年也卖掉了。在一个普通人的眼里，她是贫乏的,甚而住的房子,都是父母借给她的,她看上去一无所有。对于他人,却十二分慷慨和悲悯。

我女儿常说,生命不在于长短,而在于是否痛快地活过。我想这个说法也就是:确实掌握住人生的意义而生活。在这一点上,我虽然心痛她的燃烧,可是同意。

……平儿不爱惜健康,是她最大的愚昧。做父母的,在这件事情上,拿她无可奈何。

从中看来,三毛的生活并非那么安逸,也不那么有规律。后来我在她的一篇散文《赴欧旅途见闻录》中发现,她还写过这样一句话:"人生是一场大梦,多年来,无论我在马德

里,在巴黎,在柏林,在芝加哥,醒来时总有三五秒钟要想,我是谁,我在哪里……"这样,就更有理由相信,为什么三毛最后还是选择了自杀。

在她年轻的时候,她曾经写过一篇散文,是记自己童年的一篇作文用的,名字叫做《拾荒梦》。老师给出的题目,大致上会问孩子们你们有什么理想。然而她觉得无意义,常常与老师有着别出心裁的差异。但就这一次,她所写、所说全属真实:

小小的我捧了簿子大声朗读起来。

"我的志愿——我有一天长大了,希望做一个拾破烂的人,因为这种职业,不但可以呼吸新鲜的空气,同时又可以大街小巷地游走玩耍,一面工作一面游戏,自由快乐得如同天上的飞鸟。更重要的是,人们常常不知不觉地将许多还可以利用的好东西当作垃圾丢掉,拾破烂的人最愉快的时刻就是将这些蒙尘的好东西再度发掘出来,这……"

念到这儿,老师顺手丢过来一只黑板擦,打到了坐在我旁边的同学,我一吓,也放下本子不再念了,呆呆地等着受罚。

"什么文章嘛!你……"老师大吼一声。她喜怒无常的性情我早已习惯了,可是在作文课上对我这样发脾气还是不太常有的。

"乱写！乱写！什么拾破烂的！将来要拾破烂,现在书也不必念了,滚出去好了,对不对得起父母……"老师又大拍桌子惊天动地地喊。

——三毛《拾荒梦》

好在文章的后面,附着真实的说明。其中看到她丈夫荷西的名字,我便得知这篇文章原是三毛后来写成的。

在我的拾荒生涯里,最奇怪的还是在沙漠。这片大地看似虚无,其实它蕴藏了多少大自然的礼物。我至今收藏的一些石斧、石刀还有三叶虫的化石都是那

里得来的宝贝。

更怪异的是,在清晨的沙漠里,荷西与我拾到过一百多条长如手臂的法国面包,握在手里是热的,吃在嘴里外脆内软,显然是刚刚出炉的东西,没法解释它们为什么躺在荒野里,这么多条面包我们吃不了,整个工地拿去分,也没听说吃死了人。

我有一天老了的时候,要动手做一本书,在这本书里,自我童年时代所捡的东西一直到老年的都要写上去,然后我把它包起来,丢在垃圾场里。如果有一天,有另外一个人,捡到了这本书,将它珍藏起来,同时也开始拾垃圾,那么,这个一生的拾荒梦,总是有人继承了再做下去,垃圾们知道了,不知会有多么欢喜呢。

——三毛《拾荒梦》

她之所以对老师当年的批评还一直记在心里,这可能影响到了她的一生。然而,我更欣赏三毛的作风,我们培养孩子,并不是希望他们成为下一代的"奴隶"。让他们拥有自己的想法,有什么不对的么?再说童年时期的梦,并不代表将来。谁会想到,自己以后,竟成了这么一个伟大的人物?反过来讲,童年时期的梦想有几个人能够真正地实现它呢?况且现在,连学校相关专业毕业的学生,都能自由地改变自己的就业路线,那又有什么是不可以改变的呢?就像三毛当初并没有打算,也不相信自己能成为作家,但她确实做到了,甚至于她根本没有打算要成为作家。那么,这份成果靠的是什么?其理由只有两个,一个是靠自己不断的坚持,还有一个更重要的因素就是机遇。

既然生命中一切都是可以改变的,那又有什么是无法变换的呢?三毛并没有希望自己快死,而是希望自己能够更好地生活下去。虽然她小的时候有过类似的念头,就像我小学时的同学一样,每次遇到磨难或者不开心的事,好像有天大的坎过不去似的,那时候她就会想到死。现在人家一样生活得很好,有孩子,也有丈夫。那是因为,她不再遇见自己过不去的坎。

后来三毛还是拒绝了死亡,在她后期的许多散文里,她都自称以后将不会再自杀了。她也告诫过她的读者们,珍惜生命才是最宝贵的,最开心的,最值得做的事情。那些读来,也使人安慰。因为,没有什么能比你活着所见到的,所感受的更幸福的事情了。

但就在1991年1月的那一天,她虽然留下了许多诺言和许多没有做完的事,却因为病魔又一次像洪水猛兽般地折磨着她而选择离开。她一生最脆弱的地方,一是为疾病所袭;二是为爱情所累。那与往常的经验和心情一旦连接在一起,一个人还是希望能够得以摆脱的。那是因为,她再次遇见了自己过不去的坎。

叔本华在他的论著《自杀与死亡》的文章里曾经写到过自杀者的动机。他认为一般情况下,人对当下生活的恐惧压倒了对死亡的恐惧时,人就会结束其生命。但当人类出现巨大的肉体痛苦时,我们所关心的只有肉体上的康复问题,而对其他的一切痛苦都无动于衷。同时,精神上的创伤也使我们对肉体的痛苦麻木不仁。后面他又作了一个假设:假如,精神创伤压倒一切痛苦时,它就会变成一种有益的缓解,成为精神创伤中的一个小片段。正因为如此,自杀反倒变得轻而易举了。

后面他谈到了这篇论文的精髓,也就是——生命,不过是一再延续的"死亡"。这会不会与三毛当时的心态有着相似的契合呢?当她走过万水千山,为寻求生命的极致而眼见所有的沧桑,表明了一切美好的事物,都经不起持久的破坏。

然而自杀者又有什么样的心态呢?我们不能排斥自杀者,因为他们对生活同样有着美好的追求。只是他们对生活的要求比平常人略高一些,其目的是希望自己能过得更好些。在论自杀者的心态时,叔本华是这样说的:"他们是想生活的,只是他们无法满足于现在的生活状态。因此,他们也并没有抛弃求生的意愿。他们之所以放弃了生命,只是对个别现象的销毁。"重点就在这里,自杀者是对个别现象的销毁,而不是对自己或者美好前景的销毁,所以在这一点上他不同意自杀者仅仅是为了自杀而自杀的。的确,没有一个自杀者的动机是单纯的。他们所能想到的事,是去解决或处理某一种状态,而并非真正意义上的寻亡。

其实,一切超越了极限的忍耐与创伤都可能使人造成不痛快的心理。三毛经历过这样的人生以及社会产生的舆论压力,使得她从小就形成倔强与孤僻的性格。即便是一个心态再好的人,都不一定能够完好无损地承受下来。

去年在网络上被炒得风风火火的一件事情,讲的也是人言可畏的事。某地方的一个文化人因为人际关系难相处,被人污蔑说她的作风有问题,仅仅因为一场口水之争,她为了证明自己的清白而跳楼自杀了。我们也许并没有看到某些后续报道,但在一定程度上用死亡去解决问题,确实也阻止了舆论的发生,但死者却不知道她本人所生产的行为才是最大的悲剧——给家庭、给朋友、给这个荒诞的世界存活过的人。这就是叔本华在这章内容里所提到的,压力过盛的现象。

生命之所以不能承受之"轻"——我想是因为,大多数人对自己的未来都是一无所知的。他们也许明白,成熟意味着一种致命的标志,缺乏童趣,行为拘谨。当然,有这种认识的也包括三毛。

论生命之完结

人在面对困境的时候,很长时间都会因为这件事而倍感焦虑,此时朋友的一句话是至关重要的。这种他人体会不到的感觉以及盲目的忧愁,会随着劝导人的"帮助"而获得新生,相反也可能造成痛不欲生的结果。因而语言在某种环境下,起到一定程度的诱导作用。

也许我们面临肉体的痛苦时,难以忍受,同时不惜以生命的代价去消灭痛苦。实质上每一个自杀者都是希望好好生活的,他们只是为了消灭眼前的痛苦做出了这样的选择。然而事件的本身证实了,人类的命运永远战胜不了肉体的命运。如果一个人的肉体不会感到痛苦,一个人也就不会选择"逃亡"。

很多人会说精神是一切事物的本源。假若脱离了精神的痛苦,肉体自然不会觉得痛苦,这实际是一种麻醉的表现,和运用了麻醉药有什么区别?反过来说,如果人类脱离了肉体的痛苦,便无法察觉精神上的痛苦。因为真的要脱离肉体的痛苦,无疑会使一个健康人丧失最基本的神经功能。

这种肉体也包括精神带来的折磨,实际上是肉体的痛战胜了精神的痛。死亡这种行为,能解决的也就是肉体的痛,精神的消失是不足以缓解存在的过程的。

三毛说:"我三岁多就离开了上海,那时我刚懂事,看的第一本书就是《三毛流浪记》,那是个到处流浪、永远也长不大的男孩。对我的影响可大了。许多年以后,当我在异国他乡写第一本书的时候,我就取了'三毛'这个名字用作笔名。"

据报道,她的丈夫荷西,1979年在北非捕鱼时意外丧生。那时三毛哭得死去活来,从此她的大部分时间,都用在了对丈夫的思念之中。我们很多时候都在羡慕别人,因为看到别人曾经拥有过的美好而感到愁苦，其实感情的事拥有过要比不曾拥有来得更痛苦。虽然有人会说，她至少曾经拥有而且真实地相爱过，那还有什么好难过的呢？实际上，因为真切地爱过，才会使孤独的灵魂更容易背上难以负荷的重量。如果说一个人不曾被爱过，不曾有过生活上的磨合，甚至连一个眼神也没有递过，那我们又何以为不相识的生灵去感到悲楚呢？就是因为曾经拥有，甚至是一种极大的损伤，它既存在于消失以前又复苏到存在以后。在这以前的清晨是干净的，在这之后的清晨是严酷的，因为谁也无法承受，在一切风平浪静的美梦里，一只压过头顶的黑手，宣告悲剧的诞生。

纪伯伦在他的《先知》中对爱做出这样的解释：当爱向你们召唤的时候，跟随着他，虽然他的路程艰险而陡峻。当他的翅翼围卷你们的时候，屈服于他，虽然那藏在羽翮中间的剑刃许会伤毁你们。

他还说，去追随吧，虽然他的旅程将充满艰险；去拥抱吧，只要他曾向你张开过翅膀；去相信吧，虽然发出的声音也许会把你们的梦魂击碎。除非你掩盖去自己的裸露，而躲过爱的筛打。其实他的话已经说明了，任何一种美满的东西，都应在它存在的前提下介入并拥有，而不是在短期的美好过去后，懊悔它曾经存在。然而所有美满的存在都兼备残酷，因而拥有过要比不曾拥有来得痛苦些。

荷西死后，她一度"流浪"在 54 个国家之间。任何一个人就个体而言，对我们影响最大的是——童年。除去年轻时候的生活之外，"家"就是我们的启蒙者。这一切，包括人的一生，最不能改变和驾驭的就是童年，然而它对我们的一生都充满着强烈的影响。

然而三毛的流浪，并没有使她真实的生活好过一些，反而使所有的旅程都变作看心情的风景。她并没有因为自己一刻不停地忙碌而解开心结，人如果在自己最脆弱的时候，能够找到新的出发点，那该有多好。而这不但是她的期望也是我们所盼望的，如果获得新的启示便可以让光明走向更远。那么三毛的结局也将不会是我们所看到的那样，它会比过去拥有的不幸好出许多。

她一直沉寂在岁月的伤痕里难以自拔，还做了很多事，用写信、写散文、写剧本的方式解脱与回顾过去。然而一切过程都止于优美，再绚烂的梦想消灭时都可能被自己击碎。比如，长久以来的胃病开始苦苦地捉弄，把她的胃酸都吐了出来。她开始冒汗，全身乏力而虚空，她还需要有人在她身旁。然而这个在她生命中最了解她的人早已去向天国，除去断送在眼前的爱情和那些往日里供奉着的照片，已经没有什么还能唤回这个女人。每当她的生活中，有她丈夫的影子出没时，这方景象怎么不叫人触景生情呢。

眼泪。眼泪是打开这个女人唯一的钥匙,如果我们有必要走近她,那个和水晶一样凝重的东西就是她的心声。

有一次,我的一个朋友来杭州玩。他说,他从小生活的地方就是他记忆中最深刻的。他希望通过我的帮助,带他回到以前那些再熟悉不过的地方去瞧一瞧。开始我并没有发觉,这些乡愁的人与平常人之间本质上存在着怎样的差别,后来才体会到,一个离开家乡很久的人其内心深处对大地的感情是浓厚的。他开始讲述自己的故事:有一年在家里过节,他和兄长争吵起来,因为打不过人家只好将人推进水沟,然后孱弱地退守家中先兄长之前哭闹着告诉父亲说哥哥打了我……

当他走到一座琴行门口忽然停下了脚步,侧身对我说:"就在这里,我曾与心爱的人分手了。"沉默片刻,他又说,"只要每次路过自己所熟悉的地方,都会想起那个可爱的人。"他的话把我感动了,也给我带来了帮助。以此我推断在三毛的生活中,也应该时常有荷西的影子出现才是,因而她更容易感到孤独。因为不可能再出现下一个荷西,也就是说没有人真正意义上的了解她,而她自己在散文集中也曾提到——荷西从来就没有离开过。实际上那是一种自我欺骗的表现,一种情感的堕落,自卑和绝境。我们总是期望生活中的一切都是真实存在的,遇到事情就在感叹那些所谓的美好经历都是欺人的把戏。实则,人所经历的所有细节,毫无疑问都是真实的,对个体而言过程中的实践就是灵魂的体验。

　　人所以会产生愚昧和疑惑,只能说明,有些事物在变化中转变了它原有的"美",从而使看上去真实的东西变成了欺骗,但就事物的本质来讲,其事件是真实的,感受是虚妄的。如何才能走出来,不受感情的消灭而催人衰老,这是十分重要的。对三毛而言,这只无情的手,毫不犹豫地伸向她,勒紧了她的脖子——还是自缢的,由此她的生命宣告着:到此结束!

　　叔本华有一篇著作是论人生之空虚与烦恼,其中讲道,所谓幸福即通常意义上我们所说的对一个现象的满足。假如自然无意赐予我们幸福,我们对存在便感到失望和焦虑;假如幸福的愿望被立刻满足了又会觉得空虚而不切实际。因此人是一种被压抑的东西,这种压强可能在日积月累中燃爆,但一个人如果能够战胜自己而获得新的出路即可以轻易地回避痛苦。

三毛自杀是必然的。这个结果无论从她的生活,她的经历,她的文字以及她后期的遭遇来看这都是一条唯一的去路,甚至是一场新的出发。当然,且把它当做无稽之谈,谁又敢相信我们的来生真的存在?

写作的过程是一个愉快的过程,这是个语文老师问我的问题,我现在回答。而我也可以说,读书的过程是一个愉快的过程,它们都像生活一样有经历便是快乐的。这种快乐是毫无终点可言的,就像写作是独立寄居在精神之上的,既没有真正意义上的出发,也没有真正意义上的离去。因此,就本质而言,命运对我们并不发生任何影响,包括我必须用来证实三毛死亡的证据一样,论生命之完结仅仅在完结。

论三毛的幸与不幸

从一个产科护士的日记里,我看见一个女人所不能承受的痛楚。没有人能够真正意义上的体会到……一个没有被自己经历过的经验——包括女人。更别说要一个男人去体谅,作为女人的艰辛了。

生活中,我们时常听见男人说混在职场是一件艰难的事,难道现在的女人就没有在职场混吗?这不是比男人更辛苦,而且报酬不高。在过去女人多是相夫教子,主持家务的;现如今女人还要搀和到买房的首付与按揭中去。婚姻幸不幸福是一类,家庭关系持不持久又是另一类。

从何时起,爱情就成了婚姻的附属品。没有钱的,没有房

子，没有相貌或者学识的人统统都得靠边站，原因是他们本身就是"缺斤短两"的。一次在公共汽车上听见身后的情侣在谈论他们的过去，我猜想这肯定是对刚刚相识的恋人。他们说起自己的曾经，男的却对女的说："找老婆哪里这么容易啊！"他大概是想说，自己不但不打算很早结婚，而且希望找个又美，又贤惠，又会梳妆，又会交际，还有点小学识、小智谋的全能型老婆吧。他们总是在理想中构筑希望的女人，这些女人多半含有既顾家又精干的双面性。

然而男人的爱情不是从初恋开始，就是中年时候的爱情最真实。他们在那个时候，或许才理解，婚姻中应找一个怎样的女人做妻子。他们看上去再也不会头脑发热，却有可能被一只蜜蜂的动静而吸引，以至于难以抵制，在婚姻中失去平衡。

还好三毛是个没有孩子的女人，是她还来不及生，还是被她脆弱的身体所抵制的恐惧？当然，女人在某一个年龄阶段，都是渴望成为母亲的。也只有母亲才能体谅，为什么我们总是会为自己的孩子又焦虑又喜悦。任何一个女人的事业，到最后就是如何发展自己的孩子的"事业"。所以，偶然的冷酷与不协调也是有必要存在的。

只不过，人们都不应该为了任何一种事物而放弃理想。甚至于理想和生活可以分成两件事去对待，只要一个人的理想不灭，无论在他的内心隐藏多久，他都有可能完成这个期望。

这种全身心放在家庭里的人,对于他们来讲,家就是一切灵魂的信仰。写作不外乎是一种精神现象,乃至于是生活以外的另一种现状的再现。

如果,三毛在她的丈夫离开她以前已经生有一个孩子的话,这个死亡的结局肯定会被改写。无论遇见人生中的任何风险,孩子的存在都会提醒他们的父母(尤其是母亲),在这头破血流的争斗中,还有很多事情的存在比这些争斗来得实在而富有意义。一个人在世界上,很容易就能成为一个了无牵挂的人,也会很容易去痛恨那些不明事理的人,将自己的出生置于前所未有的"虚空"中。但一个人很难割舍绞心地出卖自己,他们不可能拿自己的生命开玩笑,更不可能放弃比生命还要严重的东西。因为他们知道,每一个待产的孩子都是以生命换回来的,流血的,干净而纯洁的个体。

小时候读有关三毛的作品,印象最深的就是张乐平笔下的《三毛流浪记》,当然这和三毛没有太大的关系。从浑浑噩噩的记忆中翻出,不知道从何时起一个在沙漠的台湾女子三毛的名字就进入了我的脑海。我并没有对她的文章进行过特别的研究,或者说她的影响力覆盖面最大的时候,罩着的也许都是些20世纪70年代左右出生的人罢了。

过去对她的书我翻得并不是很多,对她的了解还是从后期的散文中得来的。她的散文,明显比初写的文字好上很多,而且

富有哲理。当然,她那些所以能感动读者的道理,都是在自己的"坟墓上"建立起来的赘述,原因是那些道理不是和病痛有关,就是和她的眼泪、婚姻、爱情等息息相关的。

　　作为一个并不太幸运的女人,她的一生又是何其幸运。

　　说她不幸,在于她的家庭生活,在于她的个性,在于她的恋爱以至于最后那次失去丈夫的沉重追击。一个不幸的人,往往和她的童年生活有着不可分割的关联。我的一个朋友,过去很熟而且看上去腼腆又大方。她的学习成绩不错,虽然排不上第一却也是排在十名以内的。我们常常听着老师在教室里表扬她学习认真,甚至于她被我们推崇为新一轮的班级干部。而且过去,她与我的关系极好。直到我们要毕业的前夕,她忽然从我们的生活中消失了,她不是自愿消沉的,她的情绪很不稳定,每当我们笑得灿烂的时候,她总会一个人低头沉思,好像有无尽的疑虑在等待她开解。有时候她还在那里发抖,可以说像《丑小鸭》那篇文章里提到的天鹅一样,仿佛是在冰冻的雪地上行走。是的,只不过她那行走如冰的日子,蕴涵在心。

一次她逃课了,班主任要我一起去寻找。结果我去了所有她可能拿来避身的场所,包括废旧的杂铺室,但还是没有找到她。等到我几近要放弃的时候,我走进了一个空荡荡的大拐角,只听身后有水声呜咽。在那个空洞而冰冷的地方,我看见一扇门推开了。

厕所,是厕所!我当然也害怕这种氛围,因为当时的教学环境并不很好,洗手间是漆黑的而且大得空旷,足以站下30个女人。那种氛围不好,我却只能硬着头皮走过去。在那扇被推开的木头门后面我看见她一个人独自坐在那里,而且背靠阴冷的瓷砖,颓废地歪着头。我真害怕这个女孩的母亲看见这样的一幕会是怎样的心情,我当时感到吃惊。我劝她走吧,离开这个又臭又不干净的地方。而她无论如何都不愿意离去,还把身子横在那个池槽上,两只脚踢着门槛,头发油腻腻的,眼神也无精打采。她或许不知道,在这个世界上还有比那些内心的秘密更为恶劣的重创,但她一定知道,每当躲避汹涌的人潮,一个人坐落在抽水马桶的过道间是一种神马似的心态。身边充满腐朽而泡烂的气味,大概这个和眼泪的滋味有得一拼,所以我的规劝几乎是不着力的。我只能站在她面前,尽可能地劝说她,过去的事情都不是真实的,也许天亮以后那个可怕的噩梦自己就会消失呢?结果她用手去抓那些纸篓里用过的棉花和纸巾,我当时就吓坏了,同时不敢相信!这个世界上难道会有父母,忍心自己的女儿做这等事情!当然,这些对于已经无家可归的流浪汉来讲,早已是习以为常的事了。然而她不是流浪汉,她的父亲我见过,看上去不是那么的强大却也一定是个愿意负责的父亲。我想到这里,老师便进来了,把她强行带走后对她进行了很长时间的教导工作。

她的离去,使我不得不怀疑:在我面前的女孩什么时候开始变得和从前那张灿烂的脸色一点都不匹配了呢?我问她你这样做是为什么(我想以自己的能量去帮助和挽回这个本性脆弱的女孩的希望),但是后来她告诉我说,她毕业以后就把自己送进了精神病院。

我相信她的问题应该不是太严重,否则也不会自己发觉而自愿送进去医院看病了。但后来的很多年我们都没有联系,我想我们应该,也是,再也碰不到了。而发生这一切的所有原因,只是因为她的父亲和母亲的婚姻生活出现了问题,在她小学就要毕业的时候父母离婚了。甚至于他们闹得很僵,这次选择使孩子的心灵受到了过重的打击而没有及时调整回来所导致的。其次是她在读书的时候,谈了一回恋爱。我们都看出来,她对那男孩子的这份喜爱。我们谁也不敢给她过多的建议,因为表面上看男孩子确实也是个老实而单纯的孩子。事情发生很久,她不说我们就没问,结果有一天她告诉我们,她和这个男孩子分手了。至于是为什么我们谁也不知道,这样的连环打击必定是会使人失去平衡的——若是付出了,就没那么容易收得回。

我这才明白,为什么大人们也不让孩子去历练感情。因为爱情这种东西如果遇见了错误的人,是真的需要很大的勇气才能抵御不幸的。一个孩子,哪里来的理智?别人可以两袖清风地甩甩手走开,却不知道我们通常认为的大义凛然其实并不仁慈。自觉大义凛然的人往往忽略,在大义凛然的同时,他们并不仁慈。

因此,我说三毛还是幸运的。她还活着的时候,不但成为了公众人物,还做着自己最喜欢的事情。写作对于她来讲是游于艺,这种轻松的游戏使得她满足于自己所拥有的读者。当然,我们总是看见别人最光鲜的一面,却不知道所有故事都可能依次放空。这种空洞的过程,可能使人产生厌倦,无力,忧伤,害怕,虚伪,或者无奈地前进到必须停止为止?

所以到最后三毛的命运还是不幸的。我在写有关三毛的稿子时,我的好朋友告诉我说,千万不要向三毛学习!这样的话不是没有道理的,三毛的名气是不小,却没有获得同行的肯定,这使她花了最多的心思都在一夜之间输光。我那个朋友说,世界上还有一些"天才",他们往往都是借助手臂来展现自己,试图把自己告诉给世界,但是他们是最难以被这个世界的人所接纳的。而三毛、海子就是这样的一批人,他们最终的结果还是——死。

三毛是个可爱的女人。她幽默,她如果能生活到今天亦或许再也不会和时光计较这些伤心的往事。不过促使她死亡的另一个原因,我相信一定是病痛的再次袭来,这是一个健康人都无法抵御的伤害,更别说她渴望荷西的爱了。

在她的《谈心》集中,她的一个读者曾经问起她有没有再找一个。她的回答是"没有"。因为她感到荷西虽然走了,但他还是时常和自己在一起。他从来没有离开过她。三毛在她过去的文集里总是会提到自己通灵的本事。我在马中欣的《三毛的真相》一书中发现一份三毛用来和所谓的灵魂对话的纸张印版。我相信很多人都听说过或者玩过这类游戏,但是很多人相信这只是不可能中的微小的几率,却刚巧被撞上了而已——我们是这样解释自己不懂的东西,也是这样解释我们所不可能解开的秘密。

种种迹象表明,三毛并非一个坚强的女人。她应该受着无尽的困惑,而是自己将心事团团包围起来。再说,世界本不是随意就能走遍的,除了人为的安全检查以外,我们还要办签证,我们还得有时间，我们还需有耐心去劝服身边的朋友一起去，去那里寻找什么，有什么好看的，或者说我们走遍了这个地球上的一层壳，就在感叹世界那无限山河？

但是，我相信人的意念是强大无比的。它可以在睡梦中创造梦境，它可以控制我们的行动，以此去创造更有利的环境来适应自己。也可以说内心是十分强大的，没有思维人就等同于一台摆设，或者说没有摆设长得漂亮。

甚至我遇见过这样一个友善的读者，他希望我能回答他的提问，问题是这样的："周国平在他的文章里说过，人死后必定有灵魂会去寻找它的来世和前生，并且回到它的故乡去。请问这个世界上有灵魂吗？你又是怎么看待它的？"

我回答他："从医学上讲，人的死亡有两种分辨方式。一种是脑死亡，另一种是心脏停止跳动。实际上以鉴别脑死亡的方法来阐述'死亡'存不存在，都是依附于健康的个体而言的，它不可能单独成为生命。他们讲的灵魂不过是人的思维而已，或者说它其实是一种意识，大脑中的某一个点。而灵魂的讲法，只不过对这些难以命名的真理提供了一个高尚而升华的空间。而且我不相信有灵魂，所以就不存在回不回到过去这个问题了。实际上他们所讲的东西就是思维，而思维这种东西也就被赋予了'灵魂'这么庞大的学名而已。"

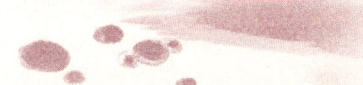

论梦幻之梦与现实生活

一提到梦幻,就会有人把它和孩童时期的幻想连接起来。时而,幻想也可以是大人的事。这样的梦,不单单属于孩子,同样每一个大人都在幻想如何使自己的生活过得更好些。于是我们寻找更大的目标,而最幸福的人,往往只是在他的领域上占着一席之地的人。对于梦的解释是千变万化的,而梦想是在梦的基础上演化而来。它是距离梦更近一点的地方,也是每个年少的人都有过的追求目标。

我们渴望自由的飞翔,在天空下看见湛蓝的灵魂。就好像我们是乘坐着风,停在大地的上空一样。魔术开始摧残我们的世界,愈发展愈要用泥土、钢筋还有装甲车,一点点地碾过田野，碾过山脉，碾过我心爱的石头。那些石头，曾发誓说——变成一块宝玉。我们从大地的指缝中挖去多余的废物，用地球上到处堆积的垃圾去填补一块空地。我们所做的事情曾背离世界的原貌，所有被创作而高歌的步伐一点点从我们的关注中意识到：这样的行为，可能自毁。原生态的景象开始剥落它的脸，一片瓷砖，一块木屑，都可能将原有的姿态改作一个女人。

　　大地原本可能是宽阔的，愈生存愈加容易感到我们的行为是艺术的行为。我们需要填充世界上到处空白的漏洞，比如爱情，比如男人和多个女人；比如房屋和世界上一切被许可的东西，它们都在衍变，在命运中改变过去。丑陋不过是荒诞的遮羞布，光明也有暗藏在礁石上看不见的危机。梦幻之梦是唯美的，我们渴求生活变得充实而完满。谁又能说，我们今天的行动不是希望明天的明天将会更好？因而，事件的本身就决定了没有人天生是个悲观的旦角。纵然他们知道并且看透所有美貌的躯壳背面，放着一张不完整的脸，也情愿相信，这些碎片根据人情的长短会拼合完整。

　　在美好的大地上行走，是人类生存的渴望。这其中包括女人，也包括男人。我们会将自己的意识强加到别人的身上，在这个充满了自私和强制性的社会之中，我们对别人的要求往往都高于自己，因而产生矛盾，误解还有羞愧。有的人不善于面对错误的言行，像巴蒂斯特·波克兰说的一样："在这大千世界

上,需要的是一种容人悔改的美德。"也有的人把自己看得很高,觉得那些女子的情感多是些女孩儿的把戏而已,这实则是一种言语的荒诞。试问,哪一种思想不是历经了无数次的逃逸才被捕捉住的呢?哪一种人,天生携带着天才的光环?这不都是从最低,最简约的立场上开始发挥其优势的么?

所以我们不排除任意一个梦。我曾写过一首诗歌,它的名字来源于诗歌里的一些意象——《盗梦》:

把握着每个多余的梦

收留的苦恼,你说就和天上的繁星一样密布

还能被常常唤醒,到每一次沸腾的过去

还能倾诉,紧闭的双眸中有呼吸的阵痛

你说：光会吸走丢掉的东西，你拿走！

一声野兽般的撕咬开始瞄准疼痛的地面

一块镜子前通常站着红色的雕塑

  这并不是一个美好的梦，以至于它不能成为好梦，而是从做梦的角度中摄取一些被遗忘的，被惊醒的，被放弃的和那些被打扰过的梦开始，收留它们——是美好的。因为我们知道在清晨醒来的时候，就决定了我们将要遗忘掉那个与现实不合拍的过去。

  比如我的一个女性朋友，她的梦想就是拥有一间大房子并且在房子的每一个角落里都能找到吃的东西。这对于她来讲，物质生活就是生命的全部。同时表明，她将会拥有很好的物质条件，任何东西对于她来讲，将是生活的临时部分而不是可遇而不可求的东西。这又有什么不好呢？想来，写作是一种高级的贵族生活，拥有它，必须获得足够的温饱。否则任意的话纵使听起来具备一定的理由，也不能成为正面事件的中心要素。

  对于梦的解释是多种多样的，有人说梦可能不是自己的物质遗产；也有人说梦是迟迟的难以开口的道别，它学会用简约的方式生活去承受现实的背叛，从而敦促在你的梦里。弗洛伊德讲："梦是你潜意识里的虚化。"它不等于爱情必须存在，却必定是意识中难以割舍的局部神经。他们对于梦的看法像音乐，最终形成的物质形态必定是反映着某一事件，某一人对于"梦"

本身而产生的真实辨析。

　　实在,梦有好多种存在方式。它从单一的,任指的方向转变为广阔的"理想",赋予在人类的精神之上。我们假设的美好,因为这层理想变得伟大而紧密镶嵌。因而,梦成了调整人类精神生活的时钟。

　　一个将爱情看得太重的人,往往是容易受伤的。它可能不存在过激的表现,却一定将伤害隐藏在心灵之上。昆德拉在他的作品《不能承受的生命之轻》中就描写到这样一对害怕婚姻的夫妻,即托马斯与他后来的妻子特雷莎。他常常强调,自己难以抗拒征服女人的欲望,却又要求和所有的情妇保持着一定的"性友谊"。这种间断性的交往,使得他获得最大限度的自由度及满足感。然而,他的生活因为特雷莎的出现而转变了。他难以理解,却安分了自己的内心冲突。他会站在那堵墙的前面,拷问自己是否要和特雷莎生活到一起。而他的目光早已越过了庭院,这个有力的动作,挖掘了故事的下一个场景,暗藏在他生动的身体里面。人为什么会反复纠结于"轻"与"重"的境地中久久徘徊? 于是他发现,束缚他自己的确是"心灵"。

　　三毛就是这样一个被噩梦捆绑的女人。我们知道她的感情生活,从她的文字里察觉到一个新婚女人的转变。她是美丽而活跃的,快乐地享受着自己的未知生命。但事物总是在安详的环境中,隐藏着悲剧的发生。一切看似平静的海洋下却藏着深度的危机,这种危机置人类于死地,它比强烈的对峙难以防备得多。

可以想象,荷西在三毛的世界里充当着的角色。他必定是个大度的、天真的大男孩,在自己女人的身上倾注一切的爱。他们共同的经历,让有限的生命中蕴藏了无限的可能。他们历练着常人看似永不攀边的生活,实则多少患难夫妻也可能暗藏着雷打不动的情意。

在她的文字中曾经写到过这样一段话,大约如下:

> 荷西让我跟他去,我却不肯去。而后,他回来却告诉我说,他差点与那个不相识的女孩产生一段感情。他问我,如果他们真的在一起了,我会怎么办?
>
> 我的回答却是:"如果你们真的在一起了,我就离开并且成全你们。如果那个女孩一旦离开了你,你要告诉我,我会马上回来给你我的爱。"

想来,这个女人的内心是伟大的。不是所有女性在遭受丈夫有了婚外恋的行为时,都会这样忍受。当然我们必须明白的一个道理是,这世上没有谁忍受谁的苦,只有谁让自己痛苦而已。

单纯而双恋的感情是值得人尊重的,也是值得人追求的。而女人,往往是具备宿命性的。她们跟从于一个男人,在这个男

人的生活中找到属于自己的地方。她们差不多，死心塌地于一个对象，若是明确要相爱，其结果必大抵如此。

若她们追求一分金钱效应，那她们的精神必定脱离身躯而远行。除非爱情中，剩余着悲悯的呵护。事实证明，几乎没有一个女人的情感可以从认定的男人身上被移走，除非她认识到这个情感的倾向是错误的。而男人也是离不开女人的，因为他们需要美丽的东西去充斥心灵，在一切还没有酿成"大错"之前他们会松手，会停止一切叫嚣式的暧昧。那时的距离，就是一段完美的终结。

三毛就是陷在这样的人生中难以上岸，她思念着温柔的丈夫，思念沙漠中每一粒属于自己的沙子。她相信天上每天都会落下一粒沙，日久天长便形成了撒哈拉。她情愿将自己化作其中一粒，在风的前进中带走自己。她在所有朋友的关心下活着，她在所有的读者中微笑着，为防止失望而带去的痛苦。她告诉爸爸妈妈，自己以后不会再轻易地选择离去。

我们曾以为在她后期的散文中，将会看到一个坚强的三毛。实则不然，她的经验和沉重的言语显然都出于自己。她在读者面前掩饰她的悲伤，却在孤寂的深夜找人诉苦。夜半，会有人打扰她的梦,她将失去照顾。又因为远走撒哈拉而难以回家,她不能回到父母的身边,她感到那不是她必须获得温暖的惟一港口。

就在1991年1月的凌晨,她可怕的病痛开始折磨着脆弱的灵魂。她的所有努力没法被人认可,她失去了一切,也包括青春。她将向世人告别,并且在很早以前就已经为自己的故事埋下了伏笔。

她说:"你们都被三毛骗啦!"

我们真的被她骗啦?

没有。

我们享受着她所呈现在我们面前的一切生活,我们惟一上当的就是看见了一个外表坚强的她!而这个坚强的她不是真正的她,在她脆弱的内心能承载多少生命的重量?她还必须回答读者苛刻的提问,对一些人的指责她只是听而不闻,就像蛞蝓在夜行的石板上可能因为一粒盐融化,而这个结果所产生的水分,充其量不过是大海里的一滴水罢了,对她又有何种伤害呢?胡适讲,骂我的人,如果他骂对了,我替他高兴;骂错了,我替他急。这是同一个道理。

梦幻之梦是虚设的,它灿烂无比却依附在童话的世界里。它充其量是个美好的期盼,实则梦本身就是一种虚设,但它确是实质存在而不可缺少的。

第四章 梦中的橄榄树

1 流浪永远是你的主题
2 领悟的结局与人生
3 美丽人生只是四个字
4 万物静观皆自得
5 云深不知处,哪晓风云驻
6 那个名叫「舒凡」的男孩
7 杭州,杭州

流浪永远是你的主题

Echo，你并没有死。你是被风带走的，是明月邀你共赏滚滚的星辰；是你追着理想，和那些埋进西班牙的种子像清风一样，衔着橄榄树的枝条远行。你不是无踪影的，在你身后有一串长长的脚印，只要我们沿途寻找终有一天会发现：原来你也在这里。

从出生开始，你并没有太在意自己的将来。你也不会特别留心蕴含在文字里的气息，有一天可能被大家接受。它是一种空灵且饱满的因子，在沙漠中飘渺着透露出流浪感。

昨晚，我听了一夜《橄榄树》。Echo，告诉我，这棵树在你心中真的如此之重吗？你为了它漂泊；为了张乐平先生笔下那单薄的三毛形象;为了《三毛流浪记》(这名字一点也没有起错,你和他两者之间有许多共同之处);还是为了你真正要寻找的精神的归宿,亦或许是作为生命的流放体在孤独中漂泊。

然而一切美好的事物,都经不起持久的破坏。当我再听到这首歌的时候,我的心碎成玻璃,原因这唱歌的是孙燕姿,写歌的却是你,这首歌曲的背景乐做得很好,空灵而飘渺和你的主题没有丝毫差异。我为我当时的一无所知感到羞愧,后来我查找更多的歌曲来听,印象最深的还是这首。

而我在大雪中除了回想起自己的歌,还会忽然唱起你的另一首歌《每个人心中都有一亩田》。它和《橄榄树》虽没有多大的关联,却出于同一种风格。这首歌曲之所以让我落泪,那是因为和你的生活联系在了一起,它的背景音乐给人一种遥不可及却又近在眼前的错觉。这种和声似鸟鸣,似警报,似最深沉的呼告,随时带我站到空旷的草原上。于是我在大雪中想起:这世界美极了／我看到的天空是白色的／被美分割的颜色／一块黑色的布上走着白色的浮云／我看到的世界／只有山……

那是描述雨夹雪的一组诗，我坐在车里身旁是高速公路中最常见的风景。打开德国战车的摇滚乐，一路上汽车稳稳地前进着。这时候天空开始飘雪，雨滴要更大些，撞击在汽车前挡风玻璃上的水珠死命地挣脱着生命的束缚，不时还有风压低着过往的呜咽声在窗外轻扬。所以后来我又接着写：这玻璃房子触摸的未来／雨刮器开始下降／重金属抓破的颜色／在石头上分析／被暴风抓过的眼泪／压低我的舌头。

此前我和一个女朋友一起交谈过这首诗，也是这撞击在挡风玻璃上的水珠给了我一个莫大启发。我从中得知命运是公平的，纵然它们有着不平等的出身，但经过努力在同一事物上后来的水珠可能追上领先的，而领先的永远不可能超越后来。在这里我想说明，一切事物除了自我放弃以外，没有人能够迫使我们驱逐自己，三毛也一样。

她的父亲告诉我们，在1967年的时候她已离开台北去往西班牙。后来还先后到过墨西哥、洪都拉斯、巴拿马、哥伦比亚、哥斯达黎加、巴黎、慕尼黑、阿姆斯特丹等地，为此写了不少游记。

"我的朋友，今夜我是跟你告别了多少次，又多少次；你的眼光在默默地问我，Echo，你的将来要怎么过？"这是她在

《梦里花落知多少》的集子里写的一篇题为《明日又天涯》的文章里所提到的话,这也便是属于三毛那最真实的心思。很多人真要离开故乡,抛下一切能与自己盟约友好的伙伴们,去外面的世界瞧一瞧撒哈拉的沙漠,那都是出于无奈。然而,对于这颗悸动的灵魂来讲,流浪或漂泊都是一场美好的远行。我不知道三毛活着的时候,会不会也像我们曾梦想过的那样……假如有一天我们为自己的人生买下了一个稳固的基础后,还会拿"周游世界"对人生进行一种系统性的嘉奖吗?

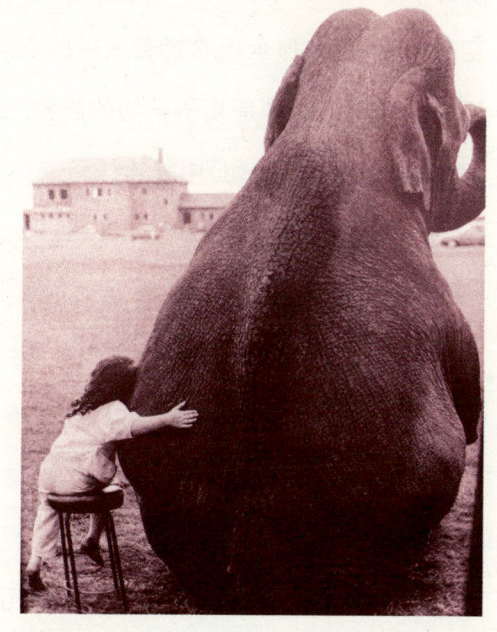

她是否因为提前预知到,时间这种单纯的物质只要过去一天便会少一天,所以她提早安排了自己的旅行,向世界各地发出了邀请:

几年前,"流浪"的三毛衔着梦中的橄榄枝飞向远方,她所动情描写的撒哈拉沙漠成为一道永远的风景。

——梅疾愚《三毛的寂寞》

在三毛的一生中"流浪"永远是她的主题。在每一次流浪之前她都会告诉我们：亲爱的朋友，不必再给我写信，现在我就可以告诉你，我要走了，回到我的家里去，在那儿，有海，有空茫的天，还有那永远吹拂着大风的哀愁海滩。看得出，在三毛的世界里，精神是高于一切的产物。她的父亲在一篇名为《我家老二——三小姐》中曾这样写道：

我二女儿，大学才念到三年级上学期，就要远走他乡。她坚持远走，原因还是那位男朋友。三毛把人家死缠烂打苦爱，双方都很受折磨，她放弃的原因是：不能缠死对方，而如果再住台湾，情难自禁，还是走吧。

三毛离家那一天，口袋里放了五块钱美金现钞，一张七百美金的汇票单。就算是多年前，这也实在不多。我做父亲的能力只够如此。她收下，向我和她母亲跪下，磕了一个头，没有再说什么。上机时，她反而没有眼泪，笑笑地，深深看了全家人一眼，登机时我们挤在瞭望台上看她，她走得很慢很慢，可是她不肯回头。这时我强忍着泪水,心里一片茫然,三毛的母亲哭倒在栏杆上,她的女儿没有转过身来挥一挥手。

从这些生活细节上来讲,我们看到的三毛并不那么懂事。下文还写了她抽烟,而且突然要举行婚礼的消息,这一切让她的父母十分吃惊,起先他们是被蒙在鼓里的。对女儿的婚姻大事,他们并没有起到任何作用。

三毛结婚,突然电报通知,收到时她已经结完婚了。我们全家在台湾只有出去吃一顿饭,为北非的她祝福。这件事,我们并没有因为她事先不通知而怪责她。

这个老二,作风独特,并不是讲一般形式的人——她连名字都自己取,你拿她怎么办?

中国的婚姻习俗向来都是由父母亲操办的,过去的更是如此。即使对上了眼,也得让双方亲友使他们那火眼金睛,从头到尾地看个遍。合则挑选吉日,斟酌良缘。若是碰上一些乡村绅士,还得先去合时辰八字。这八字合不来的,就不说爱了,连想都别想。于是双方父母就会坐在一起,像戴着有色眼镜一样数落彼此。敢问,谁又是毫无瑕疵的呢?恐怕连老天也有不够周全的时候，更别说是众人眼里的男女了。

当代人的婚姻是多么的"不幸"，有人直言不讳，自称必须找一个金龟婿。早段时间在电视台热播的各种相亲节目上，就有人说要找一个月薪20万的男友，她说自己从小吃苦至今，早已深知苦为何味。我看真正知道苦的人，一般都是那些"站不起来"的人。你能站到电视机面前，穿金戴银抹粉的，能苦到哪里去。有些男人也要挑"三好"女生，比如说身材要好，相貌要好，前景要好。他们最缺少考虑的是：这样的女孩到底合不合适自己。

这些对话实在是只具备娱乐效应。假如婚姻与爱情完全凭借金钱的尺度来衡量，那么幸福还有什么可言？假如所有人都梦想自己的另一半完美无缺，那么这个世界上还要这么多童话和希望做什么？难道早一辈的人从上世纪七八十年代，就已经知道未来的发展趋势会使自己变成千万富翁的吗？

这可不。

我说三毛好，是因为她"叛逆"得好。她有一份经过自己争取来的婚姻，完满的爱情属于彼此；她追求身心的愉悦与精神的合拍。哪里像现在出现的这种大规模的骗局，一些婚姻故事，只维持了个把月就挥手拜拜。哪里是结婚，这就像早些时日流行一阵的"换妻游戏"。我说这些，也谈了三毛，不是希望多少人能与她一样，不顾一切地追求自己想要达到的生活，而是希望现代的人不要太受环境的影响,而掩盖了真正的幸福。

你说,人这一生就是拿来玩的。要怎么玩,玩得痛不痛快都将取决于自己。你把选择、把分析、把安排当做了生命,它就组成了你的生命。一个也许一生都不会懂得悲伤的女子,一个善解人意温柔懂事的女子,有一天却忽然坐在自己的床前,说人生原是这么多道理的组合。

你说最深最平淡的快乐,就是静观天地与人世、慢慢品味出来的美与和谐。就这句话曾经有很长一段时间,我把它当做自己的座右铭抄在纸条上,以此来警戒自己。

我就喜欢阅读你后来写的杂文,它带着哲理,一丝不苟地向读者求教。假如正巧从我们的身上得到了印证,那么你的选择与贡献就是值得。

你告诉我们不要害怕拒绝别人,假如我们的理由出于正当;你告诉我们苛求本身十全十美的人,那份认真的强求,就是人格的不完美。

你对我们说,有时候我们因为受到了委屈而悲伤,却不肯明白这种心情实在是自找的;你还告诉我们你苛刻地对待往事,这使人不必缅怀太多的过去;你同样也漠视那些无谓的闲言,在给张曼娟的纸条里,你已讲明旁人如果批评我们,你就得分析一下他们的心态。

如今,你已做到了豁达。对人生、友情、亲情或者爱情,都有属于你自己的简单而又和谐的韵律。你好像被什么点明了似的，忽然看透友情再深厚，缘分尽了，就成陌路。朋友之间，只要分寸错了，结果也会拉开距离。

然而，你这一生流浪永远是你的主题。在你心里，漂泊永远是一个不朽的精神丰碑。

领悟的结局与人生

第四章 梦中的橄榄树

　　我曾想：人的一生为什么如此短暂？当我得知爱者三毛去世的消息，我是非常难过的。当时年少，并不知晓结束生命到最后意味着什么。后来，我自己经历过刻骨铭心的事，便对这一切有了重新的认识。于是写下了这篇短文《结局与人生》。

　　我曾想，用一辈子的光阴去珍视属于我的东西。但我并不知道，所有一切都将跟随时间的流动而不复存在。记下三毛写的那句话："世上的人都喜欢看悲剧，可是他们也只是看戏而已；如果你的悲剧变成了真的，他们不但看不下去，还要向你丢汽水瓶。"这才发现：所有结局和人生其实是一段距离上的两个不同的端点，而结局难道不算是悲剧吗？

说实话，我更喜欢三毛后期写的一些富有哲理性的文字。

我们活着的每一个人，都是这地球上孤独的旅行者。从出生的那一天我们早已为自己策划好了明天。但人生总会历经风雨，却时常伴随"结局"展开着新的生活；他们都是人生的探险者，迫切希望得知什么是"真"。那么请问什么才是真呢？在我历经的这段不可思议的旅程之中，有过太多无法抗拒的卑劣的念头，但最终让我取胜的——是人生中永恒的理想与希望。

它们不知所终，其生命原是一团欲望，在追求的过程中不满足就痛苦，满足了便无聊。顾城的《一代人》讲得好："黑夜给了我黑色的眼睛，我却用它来寻找光明。"还有一句我从网上找来的话说得也很精彩："有时候我忘了自己活着，我只来此一次，以后也不会再来，但是这个道理我却这么容易忘记。一走了之的心态谁都有过，在走与留之间有着我们灵魂的出口……"

我觉得人的一

生,总是在不停地尝试拥有与放弃,人的一生在不停地追求,追求着自由与理想。每个人的生命都有色彩,却不会频频的栩栩如生,只有当你承受起不可复制的人生之旅,才可能更接近生活的本质。我后来又觉得,人生就像一张白纸,填满字后不是成品就成了废品。而结局也是,明知道终必成空却要让世间种种围绕日月星辰,不断交替。

  每个人都不可能拥有相似的人生,也不可能全权体会我们所受到的苦难。面对人性荒凉与人生的错谬,我们真的要背过脸去向隅而泣吗?因为人性的荒诞,你会发现所有的一切顷刻间萧然不存。除了自己,谁比我们更清楚。为什么同样一件事,有的人活下去,有的人危在旦夕?为什么同一场车祸,有的人幸免于难,有的人难逃死劫?为什么同一根鱼骨,有的人从喉咙取出,有的人能刺穿阑尾?为什么同一台手术,有的人能渡过难关,有的人却不能平安?为什么同样是人,我们却被社会分成几块,任各自奔走在 365 行的行业之中,无怨无悔?我们的婚姻、生活比谁都清楚,试问除去自己,谁又能够真正体会?有如《楚辞》中记载"世人皆醉我独醒"的先士屈原,被流放后,抑郁成疾,从而向占卜者郑詹尹求诉龟壳之谜。詹尹告诉他:"夫尺有所短,寸有所长;物有所不足,智有所不明,数有所不逮,神有所不通。用君之心,行君之意,龟策诚不能知此事也!"事实上,那些理所当然的想法,往往与实际相差了十万八

第四章 梦中的橄榄树

千里。

关于悲剧,三毛又说:"你聪明的话,应将那片幕落下来,不要给人看了。连一根头发也不要给人看,更不要说别的东西。"如果这样,那你也不要哭了,因为你也不要演给自己看——假如我们都不喜欢悲剧。我们不放弃任何事情,包括记忆;我们不纵容自己,包括伤心;但,所有人都有烁亮的眼睛,我们看到的表面,却看不到别人的坚强;反之要说不够坚强。假如要澄清一个事情,我们是否也要像岳飞那样,负着莫须有的罪名,在秦桧和百姓面前,掉以眼泪地写下"天日昭昭"四个大字,然后令后人瞻仰,还是像屈原那样怀着对国家的忠心,抱着石头抑郁在长江的堤岸上以浊水清洗,还是像武则天那样,留下一块空白的石碑?千年的历史,日月的积淀,仿佛也没有人真正地得到昭雪啊。况且人生并非需要证明,事尽于此也只有丢在自己身上,才感觉得到它的分量!

有人说世界是我们的,于是你伟大地挥笔写下:"永别了,世界。"但它其实不属于你,我们用不着给予抛弃。就像我在少年时期写下的那句:世界本没有属于你的东西,反过来你却拥有着整座世界(时间)。虽然没有一样事物是肯定属于谁的,也不会有一个人属于任何的另一个人,但我们也要珍惜,方知人生是尊贵的财物。因此,我们用不着嫉妒,我们无所谓攀比。因为人一生拥有的时间极短,像意大利著名画家,文艺复兴时期

"美术三杰"之一的拉斐尔。这位年轻、俊逸的《西斯延圣母》画作的英才，在 37 岁的时候离开了人世。

我们飞来飞去，探索奥秘，却从未发现在身旁的一切其实就有外星的因子。爱因斯坦在相对论中提出，我们用现在的科技和眼光，靠着光速传递再反射回来的信息。其肉眼所看到的行星，只不过是四十多年以前的物体。人还有色彩的构造和"看不见的东西"（比如魔术），假如我们拥有动物或植物的灵性，对于整个世界与社会的理解是否会更深一层？

当然今天的科技在日益升华，可是这么理智的社会，却缺少看待它的人。什么是幸福？人生就是幸福，生活就有味道。只有当一个人濒临死亡的时候，我们才能打开人类的第三只眼睛。因为他们想看清楚自己生前所不清楚的事实，他们终于明白人生是怎么一回事，原来所有的追求，不过是要我们珍惜现在的点点滴滴。大概会有人说我悲观主义，像叔本华或者尼采，但是人们并不拒绝悲观。也只有悲剧的诞生，才令人格外清楚。难道 2012 这部影片，还没唤醒沉睡着的人们？

我想世人勾画出《白蛇传》来并不是要我们多批评或怜悯，而是希望我们在欣赏人间诗化的同时，对事物的本身进行一次新的认知。假如"白蛇"是真实存在的一种妖孽，那么法律与法海，又是今天的什么？假如《聊斋志异》是蒲松龄真实的人生写照与虚幻的梦境，你对此又有何解？而今，作家鲁迅对悲、喜剧的认识是这样写的:"悲剧是将人生有价值的东西毁灭给人看,喜剧是将那无价值的东西撕破给人看。"因此,追求结局,歇斯底里都是一种枉然;当然放弃,必定会有无奈。但人生也是有价值的东西,每个人都拥有不同的观念。我们对于同一件事物有着不同的理解方式,却在追求上满足自己相似的欲念。

人生不过是驾驭我们前行的一艘隐形的帆船,我们却要时常保持着笑容以对的心态。面对倒着行走的光阴,去感激每一枚分币的恩情。接受你所不能承受的意外,并且告诉自己:我们比死亡更荣幸。在爱情的国度里也是这样,爱一个人,也许并不是你所爱,但最后相守的却是最合适你的那一个。

结局与人生是开始也是分离。我们所说的真,其实就是生活中最实际的体验。而作家三毛最终选择了离去,那就是我们苦苦寻求的"结尾"。因此,生活无须问得太多,人生也不过是一章填满赞美的历史。

美丽人生只是四个字

第四章 梦中的橄榄树

> 你所追求的，其实就这么简单。
>
> ——寄语三毛

星星是可以在心底数的，在一个没有星星的夜晚。而萤火虫是未知的，它们不知晓在自己最美丽的时刻已经为死亡埋下了阴影。

过去，山的周围漫天都飞舞着这种身体发着荧光的小虫子。那是我的童年里最为常见的一种昆虫，它们时常以群居的方式行动，在夜晚发挥毕生最大的光芒。正如昙花，一现之美得以永恒。而好玩的我，提着中秋节刚买到的电子灯笼，去野外捕捉那些美好的生命。我常常以为一个用心的人，做什么都应该认真。我只想将那些美丽的东西永久地保留下来，也希望它只属于我一个人。然而我错了，我们对生活中所有既定的规律毫无办法，即使珍惜一切，时间也不可能多给你一分。

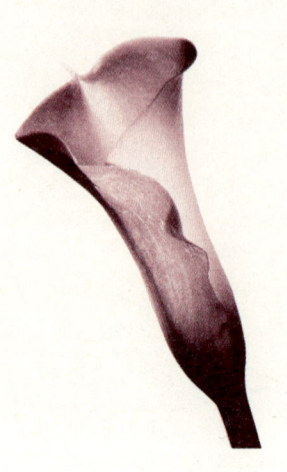

　　曾经有这样一则新闻报道，在某商场的施工地方，一名下班女工经过时被一根钢管刺穿头颅。还有一个高考的学生在父母的陪同下摘着理想的星星，然而天有不测风云，亦或许激动的背后应是满脸泪水，所以那个陪考的父亲同样是在经过某个施工场所时被一根钢管砸中了头部而导致死亡。

　　早两年，有个高中女学生在放学路上被出租车撞到头部飞出了二三米远；另外，还有一个即将步入婚姻生活的女人在一个安全隔离带上，被机动车撞出了几米路。然而，她们存活了下来。虽然不知道她们曾经经历了怎样的痛苦，生活上、心灵上、爱情上以及学业上注入的苦水与挑战，但这一切是可以想象的。当一个健康的人长久卧病于床榻，不能动弹毫无理想，这是一种什么样的生活？但是她们存活了下来，用坚定的意志告诉世界，只因善良和勇敢这些磨难已成为过眼烟云。纵然生命时常会回到过去,那也只是过去,而我们却向着更高更远的方向不断攀爬。

雨下得我浑身酸疼,以前我是不厌雨的,而且喜欢它,喜欢它像小鱼儿一样蹿入我的怀抱。它可能是大自然最出色的旅行家,除了随风飘扬还能上天入地,毫无保留地演变自身。如今,它带来的是气闷,空气的污染使它变得不清新。于是我发挥雨的主题,使它变得厌恶不堪:"丢弃潮湿/丢弃暴风/丢弃雨/使黑色凝聚的酸痛滴在骨头上。"

在读张曼娟的《我想念你》时,这种酸疼又一次嵌入了我的骨头。那段话是这样写的:"一直以为,仍有机会在沉沉的夜里,手执听筒聆听你的话语,感觉好近。可是全部的人都在传说你最后的消息,我渐渐相信,然而这一切再也不能够了……"(我以为她想说爱情,却没想到脱口说出的竟然是"三毛姐"这几个字。)

我也很喜欢三毛,略微知道些她的感情经历。然而,生命于她也有难以负荷的重量;或是繁华成灰的虚空,以至于到了紧要关头,到了她也需要人照顾的时候,濒临在生命的孤岛上祈

求夜的平静与安详。什么才是美丽的人生？她选择在最美的时候离开我们。一封留给张曼娟的信中写道："很久以来，一直想跟你说，妹妹，这条路，我们都在走，旁人如果批评我们，你得分析一下他们的心态，就不会再默默忍耐、委屈，甚而感到孤独。"

在我们的生活中，我们时常会把影视剧里的角色贯穿到自己的身上，以为那些痛楚有多么的悲天悯人，实际上发生在每个人身上的悲剧恰恰与快乐等比。只有当我们收拾起身上最卑微的叹息时，才会发觉前方的路途是多么的光明。

一切生活中授之于重要的因素都来源于自己。当我们看重一个生命，一份爱情，一种权力的时候，真相永远迷惑着我们，这就是美丽的人生。

万物静观皆自得

第四章 梦中的橄榄树

"其实见不见面哪有真的那么重要,连荷西都能不见,而我尚且活着,于别人我又会有什么心肠。"这是写给她在台湾的好友朱天文的一句话。后来它被收录在《三毛全集》里,一篇名叫《云在青山月在天》的散文之中。

三毛常说:"万物静观皆自得。"这不是没有道理的话,过去,人们生活在山水与田地之间。他们常常抱怨恶劣的天气,会使自己的辛苦白费周折。实际上,谁都没有阻止事物进行变幻的权利。

我们可以在生活中听到很多有关这方面的格言。比如说爱情,有人觉得你握得越紧,表示你对拥有它的信心就越小。你越想占有这件东西,世间万物也就会与你开起玩笑,因为任何一种东西都是不堪重负的,实际上一切理所当然的想法同样与实际相差十万八千里。

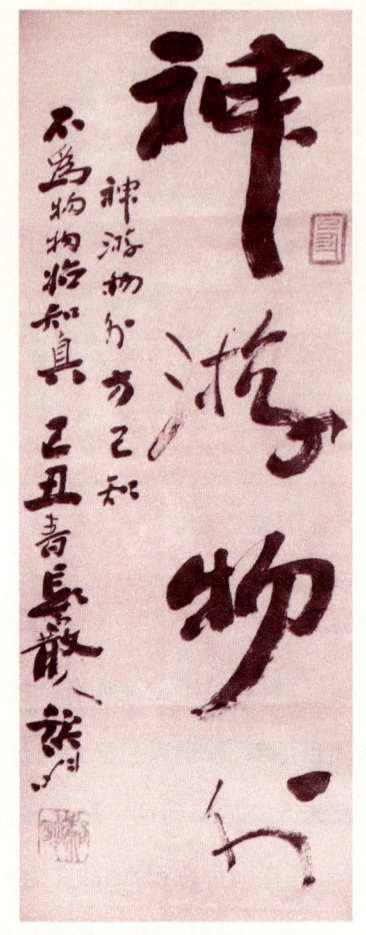

请放眼望一望,这个世界上,有多少事物和人,是值得我们去真诚地付出,也值得真诚地去投入——这里面,也包括你自己。天下本无事,庸人自扰之。以这句话,与你共勉励,因为我自己,也有想不开的时候,也有挣不脱的枷。我们一同海阔天空地做人,试一试,请你,也是请我自己。

——三毛《谈心》集

这段话中间,可以看出三毛对生活上的打击及压力,并不是我们所看见的这么坦然处之的。

> 最后,我很想说的是:一个人,有他本身的物质基础和基因。如果我们身体好一点,强壮些,许多烦恼和神经质的反应,都会比较容易对付,这便必须有一个健康的身体来支持我们。
>
> ——三毛《自爱而不自怜》

看到这里,我们应该知道三毛当时的身体情况并不很好,而且病痛加心结也一直在她的生活里,反复无常地出现。然而面对困境,除了你自己之外,没有人能替你找出生命之路。这曾适用于《菜根谭》里的一句话,它是这样讲的:"宠辱不惊看庭前花开花落,去留随意望天上云卷云舒。"所以万物静观皆自得,是有道理的。

如果一些东西本不属于你,你却施尽一切手段得以拿来,结果不一定会感到甜美,反而会与预期的目标相差甚远。这个与写文章一样,我曾接受过一个地方报纸的采访,他们就图书市场出现的一些问题提出疑问。

记者:不管是文学的使命还是文字的精神,都与其背后的创作者有着密切的关联。但事实上,作家往往还是个"魔术师",他可以哭着写笑,笑着写忧伤,卑鄙着写高尚……当文字变成了一种手段,精神变成了戴着面具的"假精神",我们的读者还能从文字里寻找到什么?

我的回答是这样的:一部好的作品,必定结合作者个人的使命以及他笔下文字中隐藏的精神。同样,精神是核心的主宰,任何一篇文字都不可能脱离精神而单一存在。若是脱离任何一方,它所表现的东西就只是一个半真空的存在,其表现也变得自由而没有意义。

在我的理解中,文学应是一种神圣的精神遗产(也包括发展史)。诺瓦利斯说:"哲学原就是怀着一种乡愁的冲动到处寻找家园。"那么文学,又何尝不是怀着灵魂的焦虑在寻找家园呢?

斯大林定义作家,是人类灵魂的工程师。因此文字,实际上应承担着思索的深度。而作家都是"魔术师"的说法要是成立,那么我想也一定会有欣赏魔术的人,看见他所需要看见的东西。有关我们应该选择怎样的作品去阅读,首先我想说的还是:读你该读的作品去。并且我相信没有任何一种可能,将促使我们从他人的生活经验中找到属于自己的出路走下去。

同理,人生之中万物万事便不可强求。而这里的强求,倒不是让人忘记争取,实则它是一种释怀。当一个人怀有梦想,创造梦想,或者梦想被激发的瞬间,我们都应抬头守护着它的圣光。我们一心一意,不偏不倚地做属于自己的事情。假如命运圈定了某种生活状态,教人远离那些梦境,我们也没有什么好可惜的了。这远比活着没有梦想的人庆幸得多。同样,为梦想而追寻过的人也是幸福的,因为他们的每一个举动,通常意义上已经与梦想靠得很近了。至于能不能从"平淡"中跳出平淡,这或许就是我们说的"释怀"吧,它往往也需要一定的机缘去印证它的价值。

  那么,我们为一件事情感到久久困扰的时候,请你先搁一搁,也许转身时事件在你面前就变得很清楚了。

云深不知处，哪晓风云驻

爱情！爱情！

三毛的一生仿佛是因为爱而生的，于是从漫长的旅行开始，她一直追寻在自己的所爱中。这一路上有碰壁，也有快乐的瞬间，在悲喜中完成了整个过程。

我的一位朋友姓白，说起她的爱情和三毛在情窦初开时发生的爱情故事差不多。她告诉我，她可能喜欢上一个从监狱里出来的人。我的眼睛撑得圆圆的，表情也很惊讶，但她依然说，世界上没有什么是不可能发生的。我这才点点头，看着她。

她微笑着指着茶杯，问我："这个茶杯漂亮吗？"

我说："漂亮。"

她摇头,告诉我说:"我一点都不觉得漂亮。"

——这就是人。人是一种极其善变的动物,两面性,而且存在眼光上的差异,如此说来事情的结果就会截然不同。

因此她说,哪怕她真的爱上了一个蹲过监狱的人,这也没有什么好惊讶的。这样看来,我所接触到的事,大多是以美好的记忆收尾的。与那些较为稀奇的事情,我是这样的孤陋寡闻。

她还说自己曾一度为了这个男子,闯出养了她数十年的家乡,不顾一切地飞去他的住处。即便最后,这场爱情剩给他们之间的仅仅是些道德的残渣,同时什么都不复存在。但这恰恰验证了茨威格在其作品《一个女人一生中的二十四小时》中主人公所描绘的情景,我把它编成了诗:

> 为了这个人,
> 我会将我的钱,
> 我的姓氏,我的财产,
> 我的名誉全部牺牲……
>
> 我会甘心沿着路乞讨,

只要他领着我走，
世界上好像没有角落
是我所不愿去的。

一般人所谓的廉耻和顾虑，
在这个时候，
我完全可以抛在一边，
他只需说上一句话，
只需向我走近一步，
只要他曾经企图抓牢我，
我就会在那一秒钟里
将自己整个儿交给他。

  她告诉我说，她当时就有这样的冲动。爱情就是一个人失去理智以后的表现，甚至连自己都不知道，何时何地灵魂的撤离已经完全将肉身交付出去。就像我不知道风是向哪个方向吹，我似在梦中，在梦的轻波里迂回……因而，显现得那么深。

  她告诉我说，判断一个人是否已经为对方动了情，有以下三种情况。第一种，是审美的欣赏，即第一感觉；第二种，是快乐的不自然的欣赏，即持续的吸引力；第三种，则是人格魅力的欣赏，也就是人本能意义上讲到的，拥有的一种身心的冲动。假如这三种感情正好与你的情感不谋而合，那么恭喜你，你必定是爱上了这个人。

我从一本叫做《美丽与哀愁》的书中阅读到三毛的爱情故事。她的初恋给了那个被她称之为"一种温柔而可能了解你的人——顾福生"所占据着。然而这种感情是懵懂而蒙蔽着的，从心理学的角度来讲，这是一种角色的互演。她不自觉地欣赏着自己的老师，同时在无意中将自己扮演成这位老师生命中的另一半了。

1962年，当她为自己新买的皮鞋而高兴，并且大步欢快地走入那个在泰安街二巷的画廊时，她即知道自己仿佛是去赴一场盛大的宴会，也清楚地知道她爱上了自己的老师，她把自己打扮成宴会中最美丽的一个，这一切只是为了给她心目中的这个人看到而已。

但是顾福生老师总是喜欢叫她"小孩子"、"小家伙"，这让她很伤心，她禁不住在心里默默地感叹："心爱的老师，你为什么不等我长到和你一样大呢？"此时的三毛虽然对老师产生了一种特殊的情感，但顾福生在此时却决定离开台湾去巴黎定居。这让三毛忽然觉得自己好像被抛弃了一样，而顾老师早已成为她生命中不可或缺的一部分了。

这次离别，使处在花季雨季的她，写下了这样一段文字："那艘叫做什么，'越南号'的大轮船，漂走了当年的我，那居住在一颗小小行星上的我，曾经视为珍宝的惟一的玫瑰……"

可想，初恋在三毛的心中是多么的难以忘记。

那个名叫『舒凡』的男孩

曾经在她的生命中,有一个名叫舒凡的高才生,扮演过很长一段时间三毛的恋人角色。但他们的爱情如昙花一现,最后终归曲终人散。这样的故事用我朋友的话来讲就是:"本不该是你的东西,即使遇见了也会消失。"人心是寂寞的寓所中衍生出来的快乐和浪漫。所以一切事情,均是事在人为的。

在七年休学的时间里,三毛感到现在应该是重新起航的时候了。她在好友陈若曦的建议下写了一封信给张其昀先生,希望自己能够在这所学校念书。虽然信件已寄出,但她心中这份不安的心境一直没有平复下来,直到她收到了张其昀先生的亲笔回信时,她才高兴得跳了起来。

于是到校念书，在这里她与同学们的相处十分融洽。她的国文写作备受老师与同学们的喜欢，就是这样一位被老师称之为才华横溢的女生，此刻的心却不经意地被一位戏剧系的才子给偷走了。

他就是梁光明，英俊、儒雅、沉静，同时是台北文化大学文学院许多女生追求的白马王子。但他对感情十分冷漠，那些女孩子对他的爱慕之情，他似乎漠不在意。三毛不是漂亮的女孩，却偏偏也喜欢上了他。她对他的感情十分执着，她会随着他的出现而出现在学校的各个角落里，她心甘情愿地爱着他，欣赏他，但这位孤傲的男生却从未在意过。

也许因为三毛的执意不悔，梁光明接受了她的爱情。他们在一起的时间还不长，却又面临着毕业之际将要带来的选择。他真诚地对待这个追求自己的女孩，但他无法像她爱自己那样爱她，这是一份并不对等的爱情。最后他甚至感到三毛那过于放任的爱情，变成了他不堪承受的重负，他觉得累了……两年过去,这对情侣也将分手,而三毛的情绪愈到后面,愈不稳定。

惯于理性思维的男性,若是正巧遇见了对的人,不用多说他也会早早地为她安排好,避免伤了这份情。谁都知道在感情面前,容易受伤的总是陷入的那一个。而梁光明并不了解她当时那份慌乱的心情,他不是她,不能体会一份感情到深处时难舍的困境。本该两个人承担的后果,现如今要三毛自己来面对,她怎么可能承担起一个虚无飘渺的回忆呢?

千头万绪中的她剩下最后的一个念头,一个似乎可以把舒凡永远留在自己身边的方式——和他结婚,做他的妻子。

"凡,我们结婚吧?"

舒凡是个男人,并且是个现实、理想而又负责的男人,结婚绝对不是说说就可以的啊!房子呢?以后两个人的生活怎么安排?在舒凡的眼中,婚姻是世俗的,它需要爱情这份养分,但还必须植根于现实的土壤。正如鲁迅先生所说的"爱必有所附丽"。

"平,你不要冲动。"舒凡委婉地劝慰道,"没有事业就结婚,我是不会同意的,因为我觉得那根本不可能真正的幸福。我的理想是立业成家,而不是成家立业,事业没有着落,对我而言,就没有谈论婚姻的资格。"

舒凡的回答一瞬间把三毛打进了万丈深渊,这跟自己的期望差别太大了,一个女孩向一个男孩求婚被拒,这该是多么难堪啊,她的泪水又无声地流了出来。

舒凡没有再多说什么,他只是冷淡地说了一句:"平,你再好好想想,我还有论文要写,我先走了。"

最后的一丝希望也破灭了,三毛真正了解到自己在舒凡心中的地位,永远不会像自己爱他那样来爱自己的。还不如早点离开这份没有指望的爱情吧,实际上爱是经不起祈求的。

——刘兰芳《一个真实的三毛》

事后,三毛准备离开台北,希望能以此来挽回舒凡的决定。她买好了机票,去找舒凡。她以为这一切也许会让这个男孩子改变点什么。她以为他也舍不得,总会为了那短暂而快乐的爱情,留下自己。只要舒凡的一句话,无论任何理由,甚至于只要他一个不舍的眼神,便能挽留这个分手的局面。谁知道呢,这个铁了心的男孩子,竟然伸手握了握三毛的手,说了一句:"祝你旅途愉快。"

有人说,爱情是寂寞在内心深处因为渴望而激发的感情。

每个人都渴望被爱得更多，但爱情也有属于它的主宰。比如我们希望被某一个特定的人爱着，但你爱着的并非一定是同样爱你的人。所以，爱情和希望很多时候都是互为矛盾的。人人虽然同样渴望爱情，却也为爱情的代价所负累。因此，捆绑得太紧，人性之中的那份自由的渴望便无声无息地贯穿过来。这种无声的缝隙，原会把美好的事物，统统蛀空。

因而，这样一份爱情对三毛来讲，是全盘皆输的。但它只能表明，于对方的心中有比她更重要的东西存在着。比如香港知名作家亦舒在她的文章《要多美丽就多美丽》中写到过这样一句话："人的天性便是这般凉薄，只要拿更好的来换，一定舍得。"

而一个男人若是离开了你，或者他不再爱他的女人时，她哭闹是错，静默是错，活着呼吸是错，死了都是错！（亦舒）

心碎以后的三毛便没有再留下来的任何理由，第二天，她如期登上了飞往马德里的班机。她的初恋就这样结束了，但初恋总是人最难忘的记忆，岁月的长河，可能会把很多东西冲刷走，然而初恋时候的点点滴滴一直在她心中，没有抹去过。

若干年后，三毛和舒凡再一次见面。当时三毛的内心依然激动不已，也许时间不久，两人之间的变化都不大，当然这也得感谢时间的储存将两个人的记忆或多或少地保留下一部分来。因此，才会有后来的这首歌《说时依旧》，歌词如下：

重逢无意中相对心如麻

对面问安好不提回头路

提起当年事泪眼笑荒唐

我是真的真的真的爱过你

说时依旧泪如倾

星星白发犹少年

这句话请你放在心底

不要告诉任何人你往哪里去

不要不要跟我来

家中孩儿等着你

等爸爸回家把饭开……

之后,三毛在茫茫人海中遇见了那个叫荷西的人。那个苦苦恋了她许多年的西班牙帅哥,最终和三毛成为了令人们羡慕不已的情侣眷属。因为荷西的出现,以及一个这么疼爱自己的人在你身边陪你玩乐,陪你生活,这岂止是三毛要的感情而已呢?这可以说是她的全部。可惜世间没有长久的事,荷西给了她生命里最珍贵的六年时光,便像沙漠中的尘埃一般消失在加纳利海的尽头。

此时此刻,这件事对于三毛来说仿佛天空也塌下来了。离开别墅,她只带走了厨房里的一个螺丝钉和门口的一块石头,

只身回到了台北。去时,她是孤单的;归来时,她也是这般孤单。三毛不曾想到自己还会遇见当时的初恋情人——舒凡。那是在台北的街头,平常的人群中三毛偶然遇见了舒凡。两个人眼神的交汇,万般无奈挤上心间,时光轰然定格:"哦,原来你也在这里!"

青春的岁月挟裹着丝丝缕缕的伤痛,逼进心灵。两双望眼在物是人非的注视里,把往事逼出泪来。是他,那个当年差点共度一生的人!那个几乎可以夜夜听到他的呼吸的人!如果当初的一切都能成真,是否就没有了以后那生离死别的苦楚,而这样的重逢,是不是晚来了很久?

三毛在《说时依旧》的歌词里,真实而痛惜地记录下无奈的感受。而生活,早已无情地揉碎这个单身女人的长夜……这样的初恋和人生,是上天刻意的安排吗?多少人,能永恒地活在一个人的心里?女人有时是可爱又可敬的,她们通常意义上所做出的决定,往往会任其在心灵深处浅滋默长。而人,总是会为自己所爱的东西变得疯狂。此时人生没有什么是不可以替代的,然而却不是完全的覆盖;一定有什么高一些,什么低一些,但两者之间没有本质差别;唯一难辨的是心中这份可以衡量的意义。

杭州，杭州

《西湖之美，形于水》，这是我写给西湖的一封情书。每一个地方都有属于它自己的传说，西湖亦是如此。或许眼光不同，我并不专注于那些为肉眼所见的美景，而专注于这墨绿的不可销毁的"水"。

同样的，这里的水亦不是一般的水。早在远古时期，她是天上的夜明珠和王母的眼泪。

由北向南一周，我沿着细长的林荫带，向北山寻梦、断桥残雪以及宝石流霞等西湖之景慢慢地乘车赏游。一边望着窗外的风景，一边吟咏着苏东坡的诗句，仿佛这一去不再是饮湖上留下的"初晴后雨"，而是此刻三四月中淫雨雕琢成溟濛的历史长街。再回首时,就到了几百年前的宋朝烟雨中去了。

西湖之美,形于水。西湖始建于两千多年前,最早是以泥沙淤积而成。后来有了一两个不同的传说。相传是在远古时期,天上有金凤和玉龙这样一对好朋友。有一天他们两人在银河边嬉戏,直到飞入银河的尽头才发现一块透着荧光的巨石,十分美丽夺目。于是他们许下了爱的誓言,虔心用自己的爪子和嘴巴不停地雕琢,经过许多个日夜的考验,顽石终于修成美玉含在了金凤的口中。只是这样平静的日子没过上多久,当他们在天地间玩耍碧珠,王母娘娘便得知天上有这等奇宝,于是派人将玉龙和金凤捉拿归案。三人在为这世界上独一无二的夜明珠争得你死我活时,搁在王母娘娘手心的明珠,咻溜一下从掌上滑落——人间。

这水来得多么不易!于是金凤和玉龙便舍命投入凡间,化

作今天的玉皇山和凤凰山。如此美妙的传说,造福了多少后代义士,谁又能说王母夺珠是一种错误呢?

在近几十年来的城市变革中,古老而单纯的建筑美景更是显得相得益彰。从西湖水开始漫游,应是步步为景,真有"兴尽晚回舟,误入藕花深处"之实。湖中的三堤、四岛、一湖、二塔可谓有愚公移山的鬼斧神工,将湖水与城市完满地胶合在一起。

一曲悠扬的音乐陈述了一座缠绵悱恻的爱情之都。岛在湖心亭之畔,湖水却沿着大地的踪迹,沁入每一座厚实的山脉,渗入每一粒岩土的威严,在这鲜活的时代里永远不落后于时光。它的美,也像不老的常青藤在万物的熟睡间默默衍生,仿佛每一种季节都为她焕然一新。这么多年来,我仿佛从未见过完全相似的一朵花,也从未见过同一棵树下站立同一个人,更不知道为什么春风拂面的潮汐之间,竟响过如此大声的惊雷。或者是一棵树的命运和它的年岁,这些都该向水去问。

在阳光中,那些像金子闪烁着的鱼鳞似的片段——还是水。从被城市怀抱着的大山里出来,一路沿着潮湿的缺口向湖中游去。站在锦带似的白堤上,如在一条白鲢的肚皮上剖一丝分界线。风一大,人似这湖中的飘带一起轻扬开去,使大地和城市分外和谐地躺在一块。西湖的水,不是眼泪。它活泼,像个青涩的少女,等到有风刮过,总能见识它活蹦乱跳地向西风絮语。

难免有人会被这份柔情感动。或亲或吻,都不如母亲的怀抱。这世界升腾着,挣扎着,为美而高歌的天地,已把人们的心系在一起。有人会回顾这份美景,我也不例外。

三毛第一次大陆行是在1989年4月5日晚上,地点是上海的虹桥机场。她之所以选择那里作为自己的第一站,原因是要去拜访一下她的"爸爸",而这里说到的父亲便是张乐平老先生了。

在张乐平家住了4天,父女俩的感情变得更深了。离别时她留下了一本《我的宝贝》并在书的扉页上工整地写道:

> 这本书为作者亲自带入大陆的第一本书。11亿中国同胞中,仅此一本。爸爸,谢谢您创造了我的笔名。

在三毛离开上海的时候,张乐平哆哆嗦嗦地只说了一句话:"人世艰险,你要保重!女儿离开了父母,就靠自己了……"这句话情深义重,使三毛又一次热泪盈眶。

她的第二个行程是苏州。三毛在《悲欢交织录——三毛故乡归》中,栩栩如生地写道:

> 姑苏,苏州,林黛玉的故乡,而那位林妹妹是红楼梦里非常被人疼惜的一个角色。那天到了苏州已是黄昏。为着已经付了昂贵的车资,我把行李往表哥家

一丢,就道:"我们利用车子赶快走吧!"

随行关爱三毛的亲戚都问:"要去什么地方那么急迫?"

她答:"寒山寺。"

"这次她一个人回大陆寻探亲,我陪同她从上海经苏州乘坐大运河上的'天堂号'旅游船去了杭州。"

1990年秋天,她来到了杭州。她伫立在窗口,眼见两岸的景色,她想这些地方对她来说也许是陌生的。而她好像很喜欢这些风光,来回地在心里暗示我。她惊叹西湖的美,在《亲爱的三毛》这本书中,曾这样写道:"在杭州的西湖上,我放歌长啸,唱了两小时,大雨仍是不肯停。艄公将我划到岸上,说:'同志,上去吧,时间到了。'我对着如倾的雨水,不肯离船。船家又催了一次。我离了船奔到一棵大树下,车子一时喊不到。这时身边走来两对情侣,都打着伞,各人一把,一共四把伞。我呐喊:'喂——同胞骨肉,快来给人遮雨呀,做做好事。'这一下来了七把伞,大家拥在一起。我说:'这是我们在重新演出白娘子和许仙的故事。'那些人,伞下来自七个省份的中国人,笑得那么旗帜鲜明。一个女孩被我一抱,两个人都把眼泪给迸了出来,又开始再笑,因为她叫——小青。"

在从杭州回台湾的飞机上,一位西方旅客问我:"刚才死活抱住你不放的,是你的什么人?"我说:"都是我的朋友们,在中国的。"他说:"你的朋友可真多,他们一群人都在哭,好像很舍不得你。"我答不出来,心里却很满意。

我想西湖一定给她留下了很好的印象。在这个爱幻想的女人身上,肯定希望过许仙的到来。

第四章 梦中的橄榄树

第五章 爱情之上的悲情三毛

1 梁光明之恋
2 爱到深处情自浓
3 荷西之恋
4 让爱的余波燃烧我的痛楚
5 我不想说出我的忧伤
6 王洛宾之恋

梁光明之恋

三毛和梁光明本是在同一所学校念书的同学,由于三毛的狂热追求,梁光明答应和她开始一场恋爱。只可惜毕业后两人对将来的规划不一致,所以最终面临着分手。这次恋爱对三毛的打击很大,她执意离开了学校,远远地避开了家乡。在她买好机票后去门口等着梁光明出来前,她内心还是存在着幻想的。她希望梁光明能劝服自己为他留下,或者和自己一起去国外结婚。但结果好比是晴天霹雳,梁光明并没有留她,这让曾经的情侣变得越来越陌生。

我的朋友喜欢比她小几岁的阳光男孩,她享受这份特殊的恋情所带去的欢悦,同时她喜欢把事情炫耀出来,以显示出自己那极高的品味。有一次我们坐在咖啡馆,我期待着有新鲜的事情发生。当然这只是我的期待而已,结果这一次她对我说,她真的爱上了那个比她小几岁的男孩,只是当她把事情告诉给家里人知道时,家人的表情显然很严肃。而她是一个三毛迷,她开始抱怨起来,为什么三毛可以做的事情,却不能在她的生活中发生呢。不用说,结果还是分手了。我知道她很爱那个男孩,能肯定的是那时候男孩的确也迷恋着她。她告诉我说:"因为在错误的时间遇见了对的人,并且年龄的悬殊是不可能走到一起的。"结果就这样,断了联系。

就此时来讲,男孩的感情是真实的,然而我想说的也就是这个分手问题。渴望被爱,是人类最强烈的一种共识。它的缺失不但会使人感到彷徨,而且没有安全感,截止到今天还没有一个人能够强大到足以忍受着永恒的孤立。

在张晓风那篇《一个女人的爱情观》中,她这样写道:"对我而言,爱一个人就是满心满意要跟他一起过日子,天地鸿蒙荒凉,我们不能妄想把自己扩充为六合八方的空间,只希望以彼此的火烬把属于两个人一世的时间填满。"

好的感情是相互的,但很少有人能享有这种关心而不受伤害。爱容易让人自恋,容易被宠坏,也可能使人变得浅薄。因此人们偏爱,把它给予那些内心火热又能理智面对的人一起分享。有归宿的爱,能让人的心灵拒绝漂泊,让人感到一股永恒的暖流围绕着安详与宁静展开强烈的幸福感。

爱是一种敬仰,一种可能被心甘情愿束缚着的伟大感。它把生命分成两半,一半献给了灵魂,无上而自由地燃烧着;另一半则追忆着似水的年华,以肉眼所看见的形态存在着。当爱情快马加鞭地离去,你对过往的事常常感到怀疑,当爱情已不存在,陷入的这方总会感到身心俱灭。那时候,你的举动可能从此变成是一种思想侵犯。当然这种侵犯不是我们自己想找的,对于任何一个已经从爱情的深渊中走出来的人来讲,曾经的事就是梦一场。

爱往往是一种习惯,这种惯性思维立足在机械式的高度上复制往日的生活,来动摇我们从每处细节体验到的相似感。

于是,爱便破坏了。

人之所以感伤是因为经历过了。而人之所以学会冷漠,是因为感觉不到他人的爱,当爱情遇上矛盾,送别是最好的选择。想想人类中的许多自杀事件怕是都与这种情感的幻灭感有关——失恋而自杀。

恋爱中的人向往着自己的另一半会对其相貌、职业、魅力等方面,产生相当足量的敬仰、崇拜和欣赏。这不但对爱情有着更好的助推作用,对双方都是一种呵护。爱情需要来自对方的赞誉,认同对方的价值并为自己的能力和优点喝彩。如果爱情是双向的,那么这之间的爱当越发有热情,不然就只能以分手告终。有人以为相爱是平等的事情，甚而把失恋者的另一半想象得很崇高。当他们内心的神性得到化解时，便会为失恋者的执意孤行感到惋惜。实则，爱情从来不参与公平。许多年后，我们总想为自己所付出的行动保持缄默时，这种不争的事实，将周旋于生命的周身。如果你的爱人并不了解你，不给予喝彩，时间一久人就会丧失激情。圆满的爱能让人变得强大，甚至伟大，心中能容下高山大海，对苦难和迎面而来的危机显得不屑一顾。爱能让人升华，互生敬意，并能激发出两个人潜在的创造力，合宜的爱还能让这粒种子生根发芽，开出永艳而不败的花。

爱情能厮守终身固然是好，极大的好。然而，厮守终身却成了绝大多数平凡女性的"理想"。人生在世，很多时候你心里的话只能跟自己说，我们寻找着另一个自我，设法通过身体和陌生的影子攀谈过去。我们逼问那些必须辨别的对错，从一颗心上滑向另一颗千疮百孔的心，以为逃避中能拥有多个隐藏的洞穴，而试图给自己安一个扎实的家。一切离别，一切永远不可复返的人都能激起你心中的苦楚。

你开始怀疑，在这个世界掌握住幸福的可能性。它一次又一次地用尽全力冲击着人类悲剧的边缘，这个出口是通往幸福世界的门。有时你好似看到了，感受到了门那边的世界。"有的人拼命进来，有的人却要出去……"

但总是冲不破，总被拉拽回来。你心中清楚，无论如何你都不会泯灭对幸福的追寻,无论要受多少伤,即使他现在是那么的累,但胸中的那颗心告诉你说,对美的向往才是你真正的生活。爱情是一张船票,我在这头,新娘在那头;爱情是一枚邮票,我贴了过去,你没有收到——三毛和梁光明亦是如此。

爱到深处情自浓

第五章 爱情之上的悲情三毛

> 我始终认定,爱是人类唯一的救赎,它的力量,超越生死。
>
> ——三毛

今日走进一好友的博客,看见一则标题写的是《也说爱情》。写文章的是个四十来岁的中年男子,他说年轻时,他把爱情当做了生命的全部,也曾为之疯,为之狂,回忆起那时的刺痛是那样真切,印记是那样的清晰,那样浪漫,特别是情深缘浅的初恋。20年后的同学会上我们再度相见,首首老情歌,撩起激情燃烧的岁月。大家唱得不亦乐乎,恨不能把五脏六腑嚎出来。伤感、伤逝,岁月如歌。20年弹指一挥间,过去给你写的诗歌虽已失佚,但偶有佳篇存留心印……"没想到,愚人节的那句轻言,竟不幸成谶,你我的相遇,便恰似这夏夜的昙花,只灿烂了一夜便凋零。"

从相遇到20年,只见过三次面,是那么轻轻、那么匆匆、那么清晰的景象。已不再拥有那执手相看泪眼竟无语凝咽的意思了。我常常把自己隐藏,让身旁的人不知道,我为之伤怀的——也包括你。我常常坐于天宇之下,泪如断珠。我的嘴唇颤抖,每当你无视走过我的身旁。叫我如何能忘怀,泪眼相望,心中内疚。我提笔,心念道"相见时难别亦难,东风无力百花残"的诗句。上帝知道是我的手在发抖,抖得像心伤痛地停顿,原来最爱的也不能自己把握,一切不是有了爱就可以改变的……最令人心碎的是她那依然深情的眼神。你可曾记得"春蚕到死丝方尽,蜡炬成灰泪始干"的爱情故事。

此时四目不敢相视,内心却又盼望着看上一眼,害怕死灰复燃,爱恨交加吗?春日里你的霓裳依然是我的梦想,你的裙裾依然灿烂芬芳,让老天借我20年,让爱从头再来?侃侃而谈的我,感情是这么脆弱,而世间之情又是何其凉薄,"爱我所爱,无怨无悔——此情长留心间",送我一剪梅?

好一曲青山依旧在,几度夕阳红。然现实已是无可奈何花落去,莲花已结子一切皆成定局,在你面前我要故作洒脱、残忍和玩世不恭，但是我的演技太差了，怎么也做不到，是那样的不大方、不自然。知道你的名字已不再是我口袋里的石榴，放在嘴里没有甜丝丝的感觉了。你的名字在我心中已经钙化，这是不争的事实，而你有同样的感觉吗？尘封吧，自闭吧，锁进苍老的心中，不要再轻易开启了，因为我们已不是拼却一醉的年龄了，都醉不起、输不起。流得最快的、最美的依然是白驹过隙的时光哪……

此时我的一个女朋友正失恋，和男朋友从海上回来后总是一副神不守舍的样子。当天，我们走在人群中向迎面走来的一女子问路，那个女子用手一指便浅浅一笑。我们按着女子手指的方向前进了百余米，才发现脚下的路越来越陌生。于是我们再一次问路，遇见的老太太告诉我们说，你们要找的那条路正

在你们的后方呢！惊讶之余，感谢后我们同时沉于笑中。不晓得与先前的那个女子所有的对话，是否都成了空虚。朋友说这个女子失恋了，神情也是扩散的，我们刚才询问的那个女子原是和空气在对话，如此飘渺的样子恐怕当时只有我才笑得出来。

我没有注意到这个老太太的话正好击中了我的两个朋友，之后的事便不了了之。很长时间，我们都会迷失在同一个问题当中而无法自拔。显然，人生有时就是个没有方向感的活动。恋人们拥抱在一起，那么缠绵和清楚属于他们的时间每拥有一分钟便会消失一分钟。然而这一切，宁可深藏于不言中，也不要一丁点语言来碰碎这宁静的片刻。

有的人说，命运是不可改的，这我也同意，可是在那不可更改之中，我鼓励自己改变我的心境。我不只是冥想派的，我认为行动也很重要。我在思想、行动上，一步一个脚印地改换我的精神体。我今日试走一两步，明日再走三四步，等到后日大退一步时，我就给自己放几天假，沉浸在又一次的沮丧里一段时日，然后我又重复以前的功课——只有一个目标——我的快乐，是作为一个人生存的权利之一，要年年月月日日时时地追寻它，至死方休。

在一切的逆缘和挫折里，我们不只能够得到太多人生的体验，同时又一度考验了本身的韧性其实真强。那种东西，我叫它们生命力。

不，我不再跟任何人谈忍耐，我不要那忍字头上一把刀。如果我不能改变客观的环境，那么起码主观的我，可——以——化——解。

亲爱的朋友，化是一种魔术，它的秘诀也是——千变万化。这蜕化的过程，也只有自己知道付出过什么代价。化了之后，某种使我们痛苦的人和事，都不再有本事伤到我们。那叫做——解。

——三毛《亲爱的三毛》

忍让不是包容，因为它没有得到化解，不断的累积终有一日会从缝隙中爆破，成千成万倍地将双方淹没。我不要那忍字心头一把刀，敢问世间哪里又有忍心的痛。

然而，我们也要对自己残忍一点。在这种时候，你或可容忍自己一两年的悲伤，或者千百种复杂的滋味。等到时间差不多了，就当给自己一鞭子——如果你还不能跟那向上的心去合作。

请你相信我在这看似无情的语言里，藏着一份干脆明了的深爱——对这些茫茫苦海中不知航向的人群，那也包括了我。

我心中何尝不是如此悲悯。爱情或者所有，与之我们息息相关的生活,说到底大家都一样。惟独不同的就是我们曾以不同的方式存活过。

我相信世间的爱从来都不是单独存在的。在这世界上,没有人能单独地消失,除非记得他的人也全部消失,不然,那人不会就这么不存在了。对我来讲,爱是人类唯一的救赎!

人这一生有没有伴侣,固然重要,在不得已的情形下,请你也要给我鼓励———一个人的日子,也可以活得有光有热有信心,最重要的是,我们也并不是——失去爱的人。

爱,是一种能力,原动力,出自要先爱自己。如果冥想一时不能使我们顿悟,那么提起精神来,来个家庭大扫除,还不够,我会再放三盆欣欣向荣的盆景。这就是现实生活中的自救行动。

我不过是讲了一些内心的话,无意请你受影响。亲爱的朋友,人生很短,我们拖不起太久。天下事,也没有绝对的正负,有所得就必有所失。有所失,才能空出地方来,再加一些什么进去,哎,都是好的。

其话的深意,大概是没什么大不了的。然而人都是需要鼓励的,让我紧紧握住你的手,一声珍重将传遍大江南北。我告诉你,爱到深处——情自浓。

其实我也是这样一个女人,舞在漩涡中,难以自拔。

我感叹,世间儿女,在这苦海中沉浮,竟也有那么多的灵魂,在强烈渴望着,并不只是完全为了面包的。于是在这些来

信中我看见了，一颗颗在情天孽海里，无法自拔的心在叹息：哦，三毛，我的要求那么卑微，我不过想把我的心掏出来，交给一个普普通通的男人或女人；哦，我那么悲伤而迷茫，我什么都不能专心去做——只因为我成了情感的奴隶……

问世间情为何物？我一好友坐在边上，笑着说——正乃是，一物降一物。

> 我的好朋友，未曾谋面的朋友，你不必因此而产生挫折感，因为你们的朋友，三毛，也是一色一样的女人。哦，让我们来轻轻地悄悄地欢呼，原来我们并不孤单。情感，难道真在生命中占据了如此巨大的力量吗？是的，因为我们为情所苦的人，对自己内心的欠缺，实在太真诚，而且现实，不，这不是外界炒股票、房地产、六合彩的现实。我们将金银财宝都视为浮云，我们把自身爱的投诉，现实倒成了我们的股票。哭哭笑笑。
>
> 爱，既然如此，既然我们想、我们沉醉、我们爱，那么这件事情，必然有它的价值和迷人之处。
>
> 不，这并不是太危险的事，天下任何痴迷的背后，都是我们心甘情愿。它，不可能一无所取——我们也不是白痴啊！

——三毛《滚滚红尘舞天涯》

三毛也是一色一样的女人。有时我在想,为什么此等爱情的苦都要由一个个女人来承担呢。伤害最深的还是她们,而男人往往最不喜欢女人将一切都赋予他。他们会把爱,当成负担。女人们却一意孤行,以为自己所做的一切都没有错(就像一对父母管教自己的孩子那样)。在爱情上男人是外在的,而女人却是内在的。因而,所有感觉、爱情与想法,都与此相反。

男人是外物的主宰,拥有却不要纠缠。他们最怕女人做的事也便是纠缠不清了,然而每个人是如此的不同,却又是如此的一式一样。我们也许会否认,当我们面对爱时,一定不是那个残忍的人。实际上,人只有在面对自己狂热的追踪者时,才可能隐匿去自身所有的不足,甚至不顾一切地,投身于自己的世界。也只有真实的东西,才可能经受住历练。

如果你，或说我们，或说百分之六十的来信——亘古以来的"爱情动物"——而且不太永恒的——在一次又一次的"事件"里被三振出局的同时——笑一笑、痛苦三次、想自杀……你会的，因为你哪里就此甘心地——下一步，再度为了情，又掉了下去。恭喜你，你已经不再是初恋的你了。

　　于是在一次一次的教训中，你意识到了——沧桑。于是你不知不觉地成熟了，看清、渐悟了"情"字，是帮助我们脱离苦海，最伟大的老师。

　　让我们在这情天恨海中，舞一场漂亮的探戈吧。舞呀，舞呀，曲终人散的时候，你如果舞得出神入化，你会发觉，怀里的人自由了。你也自由了，释放了，你将是一个"跟自己和平了的人"。

　　　　　　　　　　——三毛《滚滚红尘舞天涯》

　　这些都是她在开辟了一个叫《亲爱的三毛》栏目中的对话，但这话往往最直接地泄露了她内心深处隐淌出来的爱与眷恋。我时常看着三毛的相片出神，后来我发现，一个在48岁就已经曲终人散的人，怎么可能变得如此苍老呢？原来她的一生都在接受情感的折磨，从生到死都没有停歇过。

　　这一生对她来说太重了，然而不是所有人都能察觉。我们只顾自己愉快地生活，或者从她的文字与信件里找到寻生的念头，却没有想过这样做的同时也给人带去极大的打击与破坏。这种持久的情感上的暗示，怎叫一个"并不健全"的人能负得起生命上的痛呢。

原来在三毛的字典里，爱只有悔恨和孽海的象征。但她依然投入，而不知身外的世界竟会浑浊不清。她赐舞给自己，就像很多嫔妃赐毒酒给自己；这么忘情而死到临头还深感隆恩。一曲舞结束之后，方晓人生留给你的，只是个跟自己和平了的人。

我们要设法与自己过去的经历保持距离，以避免让所有线索贯穿到一起，割伤了自己。

荷西之恋

第五章 爱情之上的悲情三毛

三毛说,我曾经爱着这个人,而且在我第一次遇见他的时候,我惊叹地发现世界上竟然有这么英俊的男孩。他就是我后来的丈夫——荷西。

如果说爱情是一种缘分,我甚至可以说,我们相爱的时间足足有 13 年(间断着的却不是"爱")。我曾经对那个小男孩说,以后再也不要来找我。结果,这一别就是 6 年,后来回到台湾,我收到一个朋友转交过来的信件。下面是荷西对我讲的一个秘密。

他说:"18 岁那个下雪的晚上,你告诉我,你不再见我了,你知道那个少年伏枕流了一夜的泪,想要自杀?"

半年以后,三毛在感情上遇到了一些波折。再次回到西班牙,当她见到荷西的时候,她在内心深深地感叹:命运又将我带到他的身边!这13年里,命运没有早一步也没有晚一步,却还是随着"缘分"走到一起了。

初识荷西时,三毛正在马德里上大学三年级,而荷西只不过是她学校附近就读的一名高中生,但一次偶然的机会,圣诞节晚上,头戴一顶法国帽的荷西却在三毛居住的公寓楼下等她,想送她礼物。那时的三毛根本就未对比自己小几岁的荷西怀任何想法,而心底里却有一丝虚荣:哇,天下竟有如此帅气的男孩!要是做了他的妻子,该是一种荣耀吧。随即,她以姐姐的身份教训他说:"不要逃课!再逃课就不理你了!"

但荷西照样逃课来看她,直到有一天,荷西认真地说:"Echo,你等我6年,6年后我们结婚好吗?4年大学,2年服兵役!好不好?"

三毛觉察他的异常,便故意气他说:"再也不要来找我了,我有男朋友的!"荷西也不生气,只是挥挥他的法国帽,倒退着跟三毛说:"Echo,再见!"后来荷西真的再也不来找她了,偶尔在路上遇见时,他也只是礼貌性地拥抱一下三毛,亲亲她的脸颊。而三毛身边的男友,似乎有意无意地一直在更替。再次得到荷西的消息是6年以后,荷西托朋友捎来他的近照和一封信,照片上的小伙正在河里捉鱼,留着一脸的大胡子在阳光下灿烂地笑。

三毛也没太在意，只是觉得：荷西长大了！

返台后的三毛，遭遇到第一次情感的不幸——在新婚前一天，她的未婚夫意外身亡！痛苦之余三毛重返西班牙，于是冥冥之中这段异国姻缘开始走近他们。

7个月后，三毛与荷西结婚，开始他们幸福而疼痛的爱情之旅。

荷西的大部分工作是做一名潜水工程师，最初的时间里荷西上班的地方离他们家比较远，而三毛每天都会在下午两点半开3个小时的车冒着沙漠里走沙与龙卷风的危险去接五点半下班的荷西回家。这是一种怎样的坚定而执着的爱！后来，荷西去了另一个岛上，每周才可以回家一次，于是，三毛就决定将车与行李托运过去，自己放弃精心收拾的家，去陪心爱的荷西。

每天骑脚踏车去荷西工作的码头，她都要带上好吃的东西，而那里的工作人员也都感受到他们彼此深沉真挚的爱，每每到了码头时，第一个见到三毛的人便会指引她去荷西工作的具体地方，然后，远远地，那个岸上的潜水员便提前拉拉信号，水下的荷西便一头冒出水面来，跑上来抱住三毛就笑了。三毛便不管那一身的水滴，紧紧地靠着爱人，喂他水果，逗得旁边的人羡慕至极。

婚后7年，三毛爸爸和妈妈飞到欧洲探望二人，因为地域文化的差异，荷西不知如何称呼他们，依西方人习惯，他便要称呼其为陈先生陈太太。而对三毛来说，这可是不行的，一定要叫爸爸妈妈才可以。荷西紧张得不得了，言行拘谨，从始至终都还是未能将"爸爸妈妈"叫出口。而就在吃晚饭时，正在收拾碗筷的三毛忽听聊天中的荷西

对她爸爸说："爹爹，你叫 Echo 准许我买摩托车好不好？"三毛赶紧躲进厨房，泪流满面。荷西肯这样叫她的爸爸，是缘于他对她多么深情的爱才可以做到的啊！

可惜就在送别三毛父母的那一个夏天，三毛陪同双亲飞离岛上，而荷西也送他们到了机场，嘱咐三毛早点回来。可这次便成了永诀，三毛终生的最爱，就这样在几天后的时间里永久长眠……有人告诉她说："荷西潜水时出了意外。"

那一年，荷西仅30岁。多么年轻而旺盛的年龄啊！

三毛几天没吃没喝，而且接连几次地晕倒过去……当时她的母亲端来一碗汤要求女儿喝下去，而心痛至极的三毛看也不看一眼，心里只想着执意要陪荷西一起走……后来她的朋友琼

瑶女士也一直陪在她的身边，不停地劝慰她，直到三毛肯答应：绝不再自杀。

没有荷西，往日三毛可爱的形象也消失殆尽。那些日子，三毛忙着给丈夫定做墓碑，每天还买来大把鲜花去墓地看她的爱人，陪他说话，直至天黑都不肯离开……

或许上天赋予三毛太多的爱，太多的仁慈，使这个女子成了多情的人。除了她的荷西，她对其他人也是亲近随和的，无论他们是乞丐还是流浪汉，仿佛都是她的朋友。她会伸出双手，用行善的方式对这世间的所有事都报以感激。

几年后她返乡祭祖，却忘不了看看她幼年时一起成长的家人，包括当时早已年老古稀的竹青叔叔。她祭拜祖父曾经居住的破败小屋，冒雨跪拜祖坟回来后路过儿时邻居阿姨家，便执意要求陪陪老人再走。三毛不顾劳顿之苦亲手打了一桶井水，灌上一瓶，然后和着祖坟上取来的故乡土一饮而尽……如此重情重义的女子，怎能不令人感到肃然起敬呢？

逛地摊时，她看中了一串银锁片，又看中了一双红石头耳环，而拥有者却是个身背婴儿的贫苦妇人。纯朴卑微的模样，令三毛不忍取舍，但最终还是用多倍的钱买回了令她心仪的东西，这种以金钱的馈赠换取的买卖，始终让善良的三毛感到不安。

在撒哈拉沙漠中，有钱的人总是可以享受到尊贵的身份和奢华的生活。而三毛在沙漠做客的时候，是十分不喜欢那些所谓的大财主的,却对服侍他们生活的小奴仆心生同情与疼惜,丝毫不曾顾及自己的身份而与他们亲近,和蔼地聊天,并赠送钱财和一些生活用品,以缓和他们当时的困境。

每当看到她与哑奴那一段故事时,我总是感动得忍不住流泪。在她看来,钱财的馈赠对他们是一种小小的侮辱,而事实上却从一个层面解决和帮到了他们的生活。可爱、清纯、善良的三毛,总是这般为他人着想。

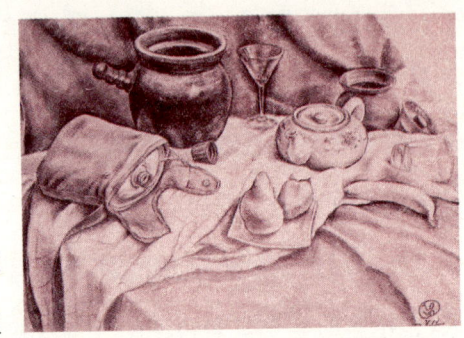

在她短暂的一生中,撒下一路的爱。也正是因为他们的人生爱及天下,所以我们爱三毛也爱荷西。三毛与荷西的爱情用今天的话来说是"姐弟恋"。荷西要三毛承诺等他6年,给他4年上大学和2年服兵役的时间。三毛没有承诺,她说6年的时间太长了,6年里什么都可能发生。这6年里三毛没有与荷西联系,6年后的一天,她被朋友叫到家里,单独关进一个房间,并在朋友的命令下闭上了眼睛……这时候有人进来了,那个人忽然从后面将三毛抱起,在屋子里转啊转的。当她睁开眼,竟然发现是那个满脸络腮胡的荷西时,高兴得差点哭出来。

接着她问荷西:"6年前你要我等你6年,如果我现在答应是不是晚了？"

这一问，轮到荷西兴奋了。荷西带三毛去了自己的住所，三毛发现那里墙上贴满了她的照片，便问他："这些照片你是从哪儿弄来的？"荷西告诉她，所有的东西都是从你的朋友那里得来的。结婚后，三毛与荷西到处流浪了6年。直到有一天，别人在湖里发现了荷西的尸体。此时的三毛似陷入了半疯的状态中，为荷西守灵的那一夜，三毛还对他说："你不要害怕，一直往前走，你会看到黑暗的隧道，走过去就是白光，那是神灵来接你了。我现在有父母在，不能跟你走，你先去等我。"说完了这些话，三毛发现荷西的眼睛流出了血，谁能解释这一切呢？

琼瑶是三毛的朋友，她知道三毛十分重视对别人的承诺。她花了很长时间要三毛答应她不会自杀。"可是最后三毛还是死了，这也许是她唯一一次食言。"得知三毛自杀消息后的琼瑶这样表示。

听声音，远远想不到它出自于一个48岁的女人，有点孩子气，激情、甜美、稚嫩，微微有些天籁之音，这些特性集合在一起造就了一个与书上完全不相似的"三毛音"。她在陈述与荷西的这段爱恋的录音中，显然她口中的丈夫也像个朝气蓬勃的孩子，两个人都充满了生活的激情。他们似乎注定不属于人间，而是属于天堂的。三毛让荷西等了一辈子，等待这个注定要属于他的女人的出现，等待让他们共度一生的承诺，最后依然要去

天堂等待她的来到。

有人说三毛的死,是因为三毛不想再让荷西等下去了。一生有这样一个人在坚定地等着自己,还有什么比赴会这件事更重要的呢?他们走了,留下世人在这里怀念,留下希望让我们寻找,留下遗憾让我们感慨。二十年如一日,我们从未离开过,就像三毛说的,荷西从未离开过一样。

三毛是个喜欢沉浸在自我世界里的人,这样的女人心中自有属于她的王子。可惜荷西不是那个王子,至少不完全是那个王子。三毛一直说荷西苦恋她6年,但从来没有说她也恋了荷西6年。这6年,三毛前3年在国外,后3年在中国台湾。在国外期间,最少有3位追求者都是在最后一刻被三毛拒绝的。在西班牙时,她被一位日本籍的富商同学追求;在德国时,她被一位后来成为外交官的德国同学追求;在美国时,她被一位台湾籍的在美博士追求。这些人都远比荷西优秀,都比荷西更加接近三毛的爱情标准,但是三毛拒绝了,因为三毛心目中的爱情标准比这3位所能达到的还要高。回到台湾的3年,她终于选到愿意结婚的人了,可惜未婚夫却在结婚前被死神夺走了。1973年,在这样的情况下三毛选择了和"苦恋她6年"的荷西,在西属撒哈拉沙漠的当地法院公证结婚。

偶然看到美国《国家地理杂志》上的介绍,三毛来到了非洲的撒哈拉,面对着凄艳寂寥的沙漠和残阳如血的情景时说:"在原本期待着炎热烈日的心情下,大地化转为一片诗意的苍凉。"三毛去撒哈拉,荷西也追随而至。他看出三毛去沙漠之意已决,就先在沙漠的磷矿公司找了个职位,提前在沙漠等着三毛了。三毛逐渐爱上了沙漠的狂暴与沉静,爱上了沙漠之上那片美丽的星空。她成了一个快乐的家庭主妇,用中餐款待荷西;她教邻居的女孩子们认字,用简单的医疗常识帮助他们解除病痛的困扰。为了解沙漠人的真正生活,她曾一个人跟着运水车深入到沙漠腹地,在漆黑的旷野上寻找传奇。

世上本没有完美的事,再具备传奇的女子也要在烟火中寻找情感的寄托。三毛选择了荷西,选择了她伸手就能触及的幸福。这是三毛作为一个女人最快乐的时光,在她内心的深处与荷西的爱恋,甚至愿意用童话般的思维去净化和升华。

让爱的余波燃烧
我的痛楚

这些日子,我仔细阅读了三毛的全集,特别是她与一些读者之间的来信。从这些遗留下来的稿件中,我可以察觉到三毛对自己的要求也是极度严谨的。

比如,她在其散文《生活比梦想更浪漫》里说道:"生活比梦想更来得浪漫。如果我们懂得去做一个凡夫俗子的话,那刻骨的滋味也就会为我们大张宴席了。"

所以有时人对理想的视角,不能评估得太高。

她对来信的小姑娘说:"你的青年人的大梦,实在太可爱。不过,一个没有长夜痛哭的人,不配讲悲伤。"此言一出,即能看见三毛失去丈夫后的生活景象,并非是我们所看见的那样

超脱或释然。很多时候,一个女人的爱情可能令她纠结一辈子。晚唐诗人李商隐,在诗歌《无题》中提到了四个意象,他说:

相见时难别亦难,东风无力百花残。
春蚕到死丝方尽,蜡炬成灰泪始干。

这是一首脍炙人口的爱情诗歌,讲述的也便是一个女子对爱情的忠贞与不悔。诗人用了春蚕的死与蜡烛的灭,更好地烘托出"相见时难别亦难"的心情。同时也告诉了后人,爱至浓时给人带去的伤害或者真爱的尽头竟是等待。三毛就是这样的一个女人,她在《春蚕》中写道:"诚然,爱是无怨无悔的。如果你爱他,你便也会等的。"

在丈夫荷西去世之后,她走过了大大小小共 59 个国家。在散文《路,是自己走出来的》文章中,三毛举了一个发生在自己身上的例子:

有一年我在巴黎问路……于是，获得的答案永远都是一样的令人费解。于是我叹了口气，看他一眼便转身大步地走了。没等我走完五步，我听见有声音在喊："喂，回来回来。"我呆住了，盯住那个人看。这时那个法国人说了，好啊，以你这种走路的速度，从这儿到蒙马特，需要一小时三十分钟左右。

为了证实这位指路人的话，我那天的步子，就保持着大步走的速度，结果，费了两个小时又二十分。主要原因处在，我花了五六次的停顿，用来看地图，每次十分钟。

亲爱的青年朋友，我们的能力不相同，在国外遇见的苦难也不会相同。我们的性格不同，怀抱不相同，对于经历的创造、取舍也都不可能相同。因此，我想说："在实践的过程中，我的任何建议不见得对你有益处。"

这个实验的结果，超出了三毛预计的时间。因此，事实证明光靠他人的经验传授下来的语言，不能对每个人或每件事做出必然相等的、具备真理的回应。

在三毛《我字典里最重要的两个字》的散文里，她写道，在我的字典里，有两个很重要的字，一生不可或缺，就是——担当!我很希望从中获取突破,话反过来说,其实就是我们现代人所讲的"责任"。人在哪里,责任心不是最重要的呢?我倒是相信所有人都有一份责任感,就是这颗心偏向哪里的问题。

对于某些守不住欲望的人在金钱的爱欲上,就像赌博很可能成为一种致命的吸引,以此爱情也是一样的。我确信爱情不同于其他,可以只属于自己而不接受对方的回应。假如有一天,我们不再拥有爱的回讯,那不是失去最心爱的东西,而是两者间并存了太多的疑虑,抑或是必须接受的时运,最终把这份沉淀的爱永恒地保留在我们心里。

我始终相信,爱是人类最坚强的意识形态,也是彼此间的呵护与关怀。就是三毛讲的,爱是人类唯一的救赎一样:"假如有一天我们的对象不存在了,也请亲爱的你千万记住,爱还存在。那么我们依然值得高兴,因为生命中最宝贵的东西,依然被我们自己保存着。所以,内心坚守着爱的世间万物的人们,都将会获得幸福和美满的垂青。"

我有一个和我名字十分相似的老朋友,总会在寂寥的写作时光里不期而遇。我们时常坐下来,聊一些生活以外的感言。不是我身边朋友的遭遇,就是他身边朋友的遭遇。于是,我们也时常会产生共鸣,他告诉我岁月就是这样。他让我看他的脸并嘱咐我说,是岁月的痕迹爬到了他的脸上,而这些被岁月折磨过的脸上,只写有两种表情:一种是邪恶的情态;另一种,则是被他称之为沧桑的表情。我知道他属于后者。

林肯说,一个40岁的男人要对得起他的那张脸。道理却是不错,可有时候生活会违背理论而单独存在。然而这位说自己沧桑的朋友,实际看上去一点都不令人讨厌,恐怕这沧桑是建立在心上的,所以我们对其所受到的命运——常常难以忘怀。

三毛是一个人情练达的人,没错。但她有一张沧桑的脸,虽然不是一开始就决定的命运,但面对失去丈夫的她,这种沧桑的存在是合理的。毕竟,没有一个女人可以如此坚强地去面对孤零零的痛苦人生。在生命里她属于贫穷的人,唯一值得颂扬的,也许就是存活在她那《撒哈拉的故事》中的回忆了。

在她开办了《讲义》中的通信栏目后,她便扮演着一个替人解忧的角色。她在一篇名叫《如何面对婚外情》的文章里,这样写道:

多年前,我的先生毕业离开我去加纳利群岛回到西班牙本土,去接受19天深海潜水再训练。那是我们相识的第11年,结婚4年。先生邀我同行,我为了省路费,不肯去。在那分别的十数天内,先生每天与我联络,回家后却直接告诉我,他结识了一个女孩子,接近陷入情网,又说"要不是结了婚……"

我的第一反应相当复杂,个中滋味包括很深的自责。我的行为反应是投入他的怀中,不能说一句话。

三个月以后,我看先生常常黯然,却不再提那个女孩子的名字,我内心的痛楚和歉疚就更深了,因为对方是一位对我丈夫也付出了真情与热爱的好女子。后来我诚恳地问先生,要不要我回台湾一年,请他们两个在生活上相处一阵,如果他们美满,那我就自寻生路。一旦他们因为了解而分开,只要先生的一个电报,我就飞回去,我还是要他。又如果,三个人一同接纳观念,亲爱相处,那就三个人同时下决心做好亲密朋友,家人和爱侣的事实,真诚相待,不分彼此。

先生听见我提出如此的处理方法,哗一下扑上来,抱住我流下了眼泪,当时我也哭了。一年以后,我们坐在阳台上看秋日海水的夕阳,我摸摸先生的头发,问说:"还想她吗?"他略有所思地说:"那种爱情,属于一霎永恒的完成,难忘。至于说我们之间,生活的恩和情扎得太深,已经天长地久了。"

两年后先生溺水过世,我一个人默默生存。有一天我在家中种菜,院子外面出现了那位女孩子,我滑掉了一包手中的玉米种子,向她奔去。我们两人紧紧拥抱在一起痛哭失声。

后来我先生至爱的朋友,一摄影家要求接纳我,我却将这位好女孩子介绍给他,他们结婚了,得了一个小男孩,取了我先生的名字作为纪念,孩子喊我"中国妈妈"。

——三毛《亲爱的三毛》

我真佩服这个女人的大度。这不是所有人都能够做到的,特别是女人。中国的很多女性,在婚后碰上这等事情,做的第一反应就是先轰轰烈烈地闹上一场,然后看看两个人之间,是否还有必要在一起生活。

然而她不是,她不但接纳了彼此间真实的情感,也接纳了先生对爱情的直观的表白。在文章的后面她还提到了,感情也不只是一张结婚契约就能够保证的。一个人同时爱上了两个人,也是人性的一种可能。说到底,真爱的人若不能在一起,没有比这事在情感上还要折磨人的了。

亲爱的女性朋友,请一定去了解,那些可能使我们快乐和伤悲的男性实在不如我们想象的坚强。男人不过也是人,他们有感情,有矛盾,有挣扎,有良知,有痛苦,有欢乐,也有眼泪。身为男性,社会要求他,家庭器重他,而他的无力感是如此的值得分析和同情。特别在某种环境中,人都会遇见一种无偿的失落感伴随着生活。不是所有人,在所有时间里,都能保持一颗充满活力的、激情的心。

三毛对男性的理解还是比较深刻的。确实,男性在社会与家庭的地位中背负的压力和责任很重。我想,如果不是因为这些,家也就不必一个男人和一个女人共同去承担责任了。假如情感这种东西,真能被一个人实实在在地占有去,那世上也就不便存在"爱美之心,人皆有之"的说法了。况且那是一种欺骗,不可能的。记住我说了,实实在在的占有。

三毛说,无论哪一种感情,无论是哪一种,占有心太强,都是痛苦的泉源。然而世界上,本没有真正属于你的东西,更不会有一个人属于任何的另一个人。

对于幸福的观念,以及人生痛苦的表达,三毛是这样说的:

"当一个人,印证了世上存在着的另一个人,与他真诚地相爱,这就是幸福。"

"当一个人,被他视为最亲爱的人欺骗时,人生极大的痛苦之一,于是产生。"

处在生命晚期的三毛连她自己都没有想到,会将自己在生命最辉煌的时刻交还给世界。从表面上看,她并没有我们想象的伤痕累累,实际上其骨子里已经血肉破裂。我在一首名为《棕色》的诗歌里这样写道:

我会去这个地方

站成一排

接着棕榈树编好的绞刑架

我们交还到这个世上

像猪一样

活着并且贪婪地死去

我们抚爱灵魂的陌生

找到镶嵌的入口

这个糟糕的地方

没有电话

没有爸爸妈妈的声响

隔着一条沟

没有诱惑

我会选择坐下眼望着批判

灵魂爱走就走

越过棕色的墙门拴上头颅

它们拯救每天的影子

伴着稠稠的苦酒

在世界上

她这么睿智，这么坦率，偶然有些任性和冲动的性情，直讨人喜欢。可悲的是，我在翻阅三毛所有出版过的信件里，找到了隐藏在读者背后真实的她。

她可以对一切外物，即外在的东西，不抱以任何假想，却不能对读者的心灵或者故事，拒之门外。她感性地直接联想到自己的出身，也可以在纸上谈兵的瞬间，婉约地骂个痛快。例如在这篇《希望你别笑我傻》的文章里，她写道：

强暴你的人，你有恨，这是当然。以后在意念上一再强暴你的人是你自己，你去恨谁？

我跟你讲，这世界上不是只有你想自杀，许多人想自杀呢。你给我好好地活下去，直到你年老，如果到时候还是要自杀，那好，我陪你这个傻子去死。

过去的事情既然已经过去，就当下决心不再去多想它。再说，你没有犯错，没有。

恨是一种极苦，不要让它轻易就靠近你。如果有需要，我可以请专业的医师帮你心理重建。在这儿我一开始就对你当头一棒，是一份苦心，你要是被这一棒打醒，倒是好的。不要太肯定三毛绝对没有如你一般的身历其境过，她深切地懂你，原因你去想想。

她活得下去，你也活得下去。她不自杀，你不自杀。

……如果你不好好地活,我不会放过你。

最后,我只想说:"让痛苦的往事随风飘。"我们不要刻意去寻找,不要刻意去追问,因为很多时候,命运永远都跟我们反着干。比如,你对某个事物的紧张程度,可能造成你对它的错失或者失败。

人,在看不见前面的希望和光明时,往往控制不住地跌进回忆里不能自拔。回忆并不伤人,但如果回想得太多而钻起牛角尖来,那就很苦了,因为我们不能改变已经发生了的事情。

——三毛《让痛苦往事随风飘》

这话难道不是说她自己吗?她总是无意地陷入极度的恐惧中,怀念过去发生在自己身上的点点滴滴,甚至于所有的话,讲出来都这么令人寒心。这还不能说明一切吗?命运累人,这是属实。

我也曾是有过很长的时间,生命是停顿而麻木的,完全无法控制地跌入往事中悲伤,那时候方才明白一个行尸走肉的生命是怎么一回事。当时,我身边无父母无子女。后来我开始去学习种菜,由翻土这件最基本的事情开始……

——三毛《让痛苦往事随风飘》

不难看出,这段话描述的即是荷西离开她之后的生活场景。这都是可以想象和体会得到的。有时我想,世界上之所以还有绝大部分的好人的存在,是因为我们作为世界的灵长,明白无情在世上的破坏性,而且无情会毁灭我们自己。也许今天的我们无法意识到,但如果所有向上的情感都被泯灭得一干二净的话,总有一天我们将看见属于自己的悲剧。这也是人类所不想看见的——地球的遭遇。

虽说三毛是个人情练达之人,却对自己的感情似百花凋残。正应了李商隐的那句"东风无力百花残"的诗句,看来它不仅仅只能针对那些还存在的事物,同时也针对那些已经消失的东西。假如,事物的存在还抱有希望,那么人便无需强求这"再造的姻缘",因为它们必定是姻缘!唯有面对,如同春蚕至死不渝的执着时,才可能露出一点点相思的痛苦。也只有在面对蜡烛的烟火熄灭之际,我们才可能听见眼泪的剧痛与情感的悲哀。

这也是这个女人的命,一段春蚕到死丝方尽,蜡炬成灰泪始干的爱情传奇!

我不想说出我的忧伤

我不想说出我的悲伤,我怕说出来你会更悲伤。我从来不认为,好人的一生也会遭遇到不幸。实则并非我想象的那样,同样对于我说过的话,也可能被一些人用来作事实的扭曲。他们的目的是不同的,其实我们对于这一切最明了不过。我们一清二楚自己的才华,也知道文字的深部肯定存在着虚实。然而,每一个华丽的章节背后,都将站着一个写作的人。我或许想要激发读者的兴趣,让那个烫得和热饼一样的干燥沙漠有些生活的味道。其实住在那里,不花多久时间你就会爱上这片无极的世界。而我们,因为无法涉足于此,无法长居那里而感到神秘。也是因为这种神秘,我们很容易接受这个特殊的地域。其实你去那些地方生活过，你就会发现，一些最原始最神秘的部落，常常是最落后的。

我们能够在落后的地方，品尝仙人掌带来的湿度。我们的鞋子里全是粗糙的沙子，它们烫得扎人，喜欢和骨头做着探宝的游戏。在那里不会摔跤，同样也跑不快。我们常常能在电视剧里，看见濒临死亡的人等待在沙漠。好一片美丽

的国土，大约从几百公里以外的地方，通过水和光线折射过来。一个干渴的人向海市蜃楼走近，死亡也在步步逼近。一副贪婪的脸，渴望挖掘自身的饥饿。它是一个埋藏灵魂最好的去处，风无埂，柔柔地追逐在沙面上，这地面与天堂之间的距离仅仅如此。因而，我不想说出我的忧伤。

那是一首诗歌，我读初中的时候将它抄在自己的本子上。明显带着爱情的色彩，忧楚而无奈的情绪，把她的话一次次地堵回去。是的，在沙漠的戈壁，一只灵雀唱道：

我不想在你面前说出我的忧伤

让一种液体在体内默默流淌

它无需缺口

四月的河堤开出一朵小花

接着又开出第二朵、第三朵

我从不触景伤情

夜晚我想你的时候

像个疯子漫无目的到处乱闯

但爱并没使我失去理智

我总能突然收回我的脚步

在路口那个拐弯的地方

我不想在你面前说出我的忧伤

我总得装得跟从前一样

我怕说出来你会更忧伤

  有人说自觉大义凛然的背后往往并不仁慈,三毛却是一个能够自己扛着一切的女人。我们常常以为有些事情,随着时光的流逝会一并冲走。其实并非所有的东西都能被带走。一个做心理学工作的朋友,谈到她身旁的事时,她常常感到心灵的窗口一旦被打开了，回忆将变得喋喋不休。她一度告诉我说，有些事情人一辈子都不会忘记。

因而，后期在我们面前的三毛并没有我们看见的坚强。如果一个人活着，将失去一切对于她来讲最珍贵的东西，比如爱人，那么她存活的价值容易被自己看低。特别是当人处于生命困境的病期之内，她一生中最引以为自豪的职业，也辜负了她的期望，一个人就变得脆弱不堪。如果那时候，夜晚有你在我身旁：有亲人，有爱人，有孩子，有朋友，我还会不会选择在那冰冷的病魔中悄然离开而不留下只言片语？

不！我不想说出我的忧伤。

王洛宾之恋

我的一个朋友，问我有什么需要帮助的。我对他讲了目前的计划，并询问他是否知晓有关三毛的一些事，他说自己并不喜欢三毛，不过当年喜欢读书确实也买过几本她的文集。也许是男女性格中的偏差，他对三毛的文字评价是"空灵"。

在荷西死后，三毛曾去拜访过"西部歌王"王洛宾先生，也在那里住过好一阵子。他们也是通信熟悉的，下面附一封三毛回台后写下的信件：

我亲爱的朋友洛宾：

万里迢迢，为了去认识你。这份情不是偶然，是天命。没法抗拒的。

我不要称呼你老师,我们是一种没有年龄的人,一般世俗的观念,拘束不了你也拘束不了我。尊敬与爱并不在一个称呼,我也不认为你的心已经老了。

回来早了三天,见过了你,以后的路,在成都,走得相当无所谓。后来,不想再走下去,就回来了。

闭上眼睛,全是你的影子。没有办法。

照片上看我们的眼睛,看我们不约而同的帽子,看我们的手,还有现在,我家中蒙着纱巾的灯,跟你,都是一样的。

你无法要求我不爱你。在这一点上,我是自由的。

三毛

公元1990年4月27日

他是这样说的,谈到了三毛,朋友们就不由地联想起王洛宾。王洛宾是西部歌王,他那首《在那遥远的地方》几乎无人不晓。很多歌手像刀郎、腾格尔、李双江、邓丽君等都唱过这首歌;演唱中的词曲变化也是五花八门,歌词有"我愿抛弃了财产／跟她去放羊"、"我愿流浪在草原／跟她去牧羊",等等。但最让我感动的是台湾歌手蔡琴演唱的无名氏版,她的演唱除了把我最喜欢的一句歌词"我愿她拿着细细的皮鞭／不断轻轻打在我身上"在结尾处重复了两遍,又把"不断轻轻打在我身上"重复了两遍。这还不是最让我感动的地方,我最感动的地方是她在这首歌的前面加的一段口白:"一片无垠的沙漠／一段无法忘怀的背弃／一卷快速飞去的云／一颗不断追寻的痴心／这一切全看在一轮银色的月亮眼里……"这段口白情真意切,如诗如画。那么,"一片无垠的沙漠"、"一段无法忘怀的背弃"象征什么?"一卷快速飞去的云"、"一颗不断追寻的痴心"又象征什么?我想,读者们应该个个心知肚明。就是说,真相无法揭开,也无需揭开,只能凭我们每一个人的生活阅历和价值观去认识什么才是永恒的,什么不过是过眼浮云。

在之前的博文中,我也曾引用过米兰·昆德拉的一句话,千万别拿比喻闹着玩,因为一个比喻很可能引发一场爱情。这里,我再杜撰他一句,千万别拿音乐闹着玩,一曲《在那遥远的地方》引发的爱情,结局太凄惨了。就是说,凡属文学艺术之类的东西,都可能成为爱情的导火索,一个比喻、一首诗、一幅画、一曲歌,都可能引发一场或刻骨铭心,或生离死别的爱情。这是因为,凡是真正的文学艺术作品都有美感,也都有传递美感

的功能，而人类爱情的组成正是这些属于人的美的综合体。因此，一首《在那遥远的地方》引发了一场"锦囊收艳骨，净土掩风流"的悲剧也就不奇怪了。

而三毛在书中提到过，自己曾去新疆找过王洛宾。根据王洛宾家属写的文章，三毛和王洛宾通过很多封信，而且三毛来新疆住了好些日子。但我知道他们之间，只有相互的尊敬和赏识。三毛和王洛宾之间有着大相径庭的婚恋史。一个是结婚不到几年失去了妻子黄玉兰，一个是结婚不到几年失去丈夫荷西。可以说他们是天生一对，然而这两个人并没有如我们所愿走到一起生活，而是将各自的爱情守护在内心深处，源源不断地给一个死去的人。

而时间过得很快，1991年的1月三毛自杀死亡。听到这个消息王洛宾十分痛苦，自叹时间太短，不能为她做一些什么。他只是为三毛设了灵堂，并写了诗《等待》：

你曾在橄榄树下等待再等待，

我却在遥远的地方徘徊再徘徊。

人生本是一场迷茫的梦,

莫将我责怪。

为把遗憾赎回来,

我也去等待,

每当月圆时,

对着那橄榄树独自膜拜。

你永远不再回来。

我永远等待、等待

等待,

等待你回来……

而1996年的一天,王洛宾这个西部歌王离开了世界。如果说王洛宾和三毛之间果真有一段爱恋之情,这应是多美的机缘。可惜我们谁也没看见。

第六章 三毛和她的朋友们

1 三毛和张爱玲
2 三毛和席慕容
3 三毛和琼瑶
4 三毛和朱天文
5 三毛和贾平凹
6 众人眼中的三毛
7 20年,她在人们心中

三毛和张爱玲

三毛和张爱玲都是被时代记住的两位伟大的女性作家。在很多人眼里三毛是一个值得尊敬而又和蔼可亲的作家,她喜欢素面朝天地在恶劣环境中感慨天地,并不为任何环境所打扰。三毛写的《橄榄树》,虽没有用华丽的辞藻作修饰,却早已打动千万人的心。

三毛是理想之树上结出的花朵。在许多人看来并不完美的事物,比如在荒凉的沙漠,艰苦的生活,这一切常人眼里的不可思议到她眼里却变得满是情趣。而她的爱情,先是在高中时代为了舒凡要与她分手的事竟试图通过割腕来自杀,接着是未婚夫的猝死,最后她的丈夫荷西在捕鱼中溺水身亡,这一切都是难以弥补的悲剧，促使了她后半生过上"流浪"的日子。

而她和张爱玲相比较，后者则显得现实许多。张爱玲的小说透露她是个人情练达的人，而结果往往并不顺当。她将磨得刺眼的剪刀，剪开现实表面的华丽，让人看到一切事物都变得毫无意义。那一句愿"现世安稳，岁月静好"，写的是现世，亦或许不是承诺。而这个将一生寄托在胡氏爱情身上的女人，最终只享有了个把月的婚姻。

她们两人生活在不同的时代，有着不同的际遇，但时代却造就了两个一样伟大的作家。对三毛而言，张爱玲是自己最为喜欢的作家之一。港台文学界，尤其是女性作家中，大多很推崇张爱玲。三毛倾慕她也到了无以复加的地步，上世纪六七十年代女性文学的代表中，琼瑶与三毛是主角，而她们在很多方面都受到了张爱玲的影响。三毛在写给贾平凹的信中，曾经这样写道："今生阅读三个人的作品在 20 次以上，一位是曹雪，一位是张爱玲，另一位就是您了。"可以看出这三个人在三毛心目中的文学地位是很高的。

三毛生前写过一个电影剧本《滚滚红尘》，这也是她一生中唯一参与过的一个电影作品。它讲述了张爱玲与胡兰成之间的爱情故事。她知道自己是很用心地在写，同时倾尽所有，为的是将《滚滚红尘》这部剧本搬上荧幕。为此她向父亲借了 1700 万元作为资助，后来导演严浩找到了影艺界的徐枫女士投资拍摄，几经周折之后电影终于在 1990 年 11 月中旬在香港上映。

这部影片最终获得了八项"最佳"奖，其中包括导演、剧情、女主角、摄影、音乐、美术设计、造型设计等，同时在港台赢得了极高的声誉和可观的票房。然而八项大奖中，惟独落下了三毛的"原作剧本奖"。这个结果，让三毛这颗敏锐的心一时落入了低谷。"一直认为自己的倾心之作，也许在金马奖的颁奖晚会上能获得一个最佳原作剧本奖"，但她最终却一无所获，除了重病纠缠在身上，这个消息唯一带给她的只能是无尽的失望……

很多人说三毛是因为这部作品没有获得相应的奖项，而做了死亡的选择。我觉得这种说法不正确，这既不是三毛亲口说的，又不见得人会因为小失望而放弃生命。如果说三毛是个如此实际的女人，她会为了追求自己所爱的东西生活在撒哈拉沙漠吗？她会带给读者这么多快乐的文字，在情感栏目中用来开导别人吗？我情愿相信，一个人是因为病痛和心理的双重压力而放弃世界的。此生可了，是因为她觉得活着已经没有意义了。

抛开这个沉重的话题，让我们一起来看看三毛与张爱玲之间，还存在着哪些更微妙的东西吧。

三毛的文章主要以散文为主又多为叙事，拿来阅读常常会给人一种虚实结合的感觉。很梦幻也很朴实,同时具备一种引人入胜的文字功力。当你阅读这一类文字的时候,你的内心一定很充实,很恬静,特别是《撒哈拉的故事》,从中会令你改变对那种厌恶的自然环境所产生的恐惧感和未知感。无论这种描述是不是真的,但我相信在三毛身上确实有过如此美妙的经历。同时这种感受常常会给人留下难以释怀的情绪,我会不想就这样合上书页去睡觉。而张爱玲的文章主要以小说为主,虽然不能跻身于高深文学的范畴,却又具备着丰富的内涵,她以一个女子的细腻情感,对男女之事发出质疑的回声。

三毛的样子像是一个戴着草帽的印第安女性,这种评价是从别人的书中寻来的。但她的性格淳朴而善良,乐于接受新的事物。在她丧夫之后的几年中,她的胸襟如海水般安详过,也如海啸般剧烈动荡过。但我们只看到了一个外表很平静的她,而她内心的波澜只有一些与她有着相同经历的人,才可能察觉。但她在表面上依旧是一直抱以快乐的心态来容纳这个大千世界的。

张爱玲是一个有气质的女人,那张在许多书中被翻印了又翻印过的照片,穿着一身长旗袍,侧着脸,下颚微低的就是她最具代表性的一张照片。从她的文字中看她的性格,便知道这不是一个平凡的女子。她的身材和气质一并超脱出来,似一个参透了人生一切悲欢的智者,总是以那种悲苦的、同情的眼神,俯瞰着众生。

三毛的文章除了融入自己的感情以外,还有自己的向往。她将自己的故事,毫不避讳地讲出来,不过她依旧把握着写作的主观性。而张爱玲的文章,好像把周围的一切都总结了。表面看来她置身于外,其内心的归宿是躺在字里行间的。

三毛的文字世界,有着很多、很多的爱与感动。张爱玲的文字世界,却是充满着泪水、离愁与无奈。

三毛的梦想世界常常给凡人一种可望而不可即的感觉,像一个人远在塞外的孤岛上,一种不属于我们的生活。张爱玲的生活是触手可及的一个个故事,好像是在说别人,看完后才发现,原来我们一直在读熟悉的人。

三毛的画是中国式的写意画,飘逸而洒脱。张爱玲的画是西洋式的油画,真实而富有质感。

三毛的文字,总是让人哭、让人笑、让人气愤与感动。张爱玲的文字呢,确是让人感到一种深深的压抑,甚至因为她的睿智而感到恐惧。

在三毛的世界里,总是越过越美丽,永远以爱、以崇尚爱的喜悦为最高的追求。无论你对世间万物多么气愤与憎恨,她都会苦口婆心地告诉你,时间哪里存在着过不去的坎。而张爱玲那冷静的思维与头脑,早就在她的文字里秘藏玄机。她要告诉我们的是什么,就请生活去吧,生活在最后,会将你所需要的问题解答给你。三毛在情感信箱的栏目中说过一句话:"一个没有彻夜痛哭过的人,她不配说悲伤。"而张爱玲的小说里也曾有过这样的说法:"你若是一个没有经历的女人,你怎么能够体会到世间的种种情仇呢?"

说到这里,大家看到了张爱玲与三毛其实有些相似的地方。比如两个人都会画画,两个人都是女人,两个人都是感情的囚徒,但实际上她们之间是不相同的,也是不能相互比较的。因为她们各有各的优点,生活经历又迥然不同。对于三毛,我想说的话太多太多。特别对于她的人生经历,让很多人为这位善良的女人感到惋惜。著名歌手罗大佑曾经写过一首歌曲叫做《追梦人》来纪念三毛,歌词是这样唱的:

让青春吹动了你的长发

让它牵引你的梦

不知不觉,这红尘的历史已记取了你的笑容

红红心中蓝蓝的天是个生命的开始

春雨不眠隔夜的你曾空独眠的日子

让青春娇艳的花朵绽开了深藏的红颜

飞去飞来的满天的飞絮是幻想你的笑颜

秋来春去红尘中谁在宿命里安排

冰雪不语寒夜的你那难隐藏的光彩

看我看一眼吧莫让红颜守空枕

青春无悔不死永远的爱人

让流浪的足迹在荒漠里写下永久的回忆

飘去飘来的笔迹是深藏激情你的心语

前尘后世轮回中谁在宿命里徘徊

痴情笑我凡俗的人世终难解的关怀

这两位都是都市女性中最杰出的代表,让我们向她们学习吧,学习她们为了爱伸出自己的援助之手,学习她们等待爱在情感的路途中焚火再生。

三毛和席慕容

第六章 三毛和她的朋友们

她们之间一个是以才情著称的爱情诗人,一个是以爱情收尾的童话女人。前者的诗歌风靡大江南北一直流传到今天,依然有许多人喜欢她。不是为别的,只因为她的诗歌里含有饱满的情感。还有那华丽的句子,教会了不少人转抄她的诗歌作为情书的"史料"。她同时也画画,在画画上也取得较大的成就,还时不时写一些散文,这个人就是我们所熟悉的席慕容了。

三毛和席慕容都是在现代文学史上有影响力的人物,她们都是以散文著称的作家,一些人对她们评价,认为她们是两株光彩夺目的并蒂莲。要将她们两人的成长与写作放在一起,可以看到六个相似的地方:

她们同时出生于 1943 年;

她们同时生在四川省重庆市;

她们同时成长在台湾当时的社会环境中;

她们全身心地投入生活,勤奋笔耕,并用散文这簇芬芳的花蕊,成为中国文坛的骁将;

她们都会画画;

同时她们是事业成功的女中"丈夫"。

三毛是奇女子,因为一本地理杂志的吸引,她不远万里跋涉到神秘的撒哈拉沙漠,跟荷西一起过上了"隐居"的日子。她教荷西汉语,跟他说粉丝是雨被冻住了,由山民带回家加工制成的;她被自己的"芳邻"搞得哭笑不得,却还称日子是五光十色;她跑去偷看撒哈拉女人独特的洗澡方式,险些被抓到;她

为了捡石头画石头,差点被涨潮的海水淹没;她去玛黛拉游玩,点了5串有1.5米那么长的烤肉串;她的婆婆大人和她之间妙趣横生;她为屋顶上掉下来的羊吃掉了她辛苦栽培的九片叶子而愤怒地给了羊一个耳光,然后失声痛哭;她与荷西相亲相爱,却不把他叫做另一半,只是说"我和大胡子"。

而席慕容是典型的中国女性。她在外教书授课,在家相夫教子。虽然不会做女儿渴望的香香的白白胖胖的点心,却很细心地体会到了丈夫刘家炸酱面的爱意。她也种花种草,同时还不忘教孩子们认识自然;她也和丈夫出门旅游,却一门心思想念被"狠心"留在家中的孩子们。她坚信爱猫的男人一定会爱家,容忍丈夫对待情人般宠着的猫。她感情细腻,感受五月香薰的风,感受树叶颤抖的热情,儿女、丈夫、父母、家、画、音乐,还有文章充盈着她的人生。她的一切仿佛都是充满了诗意,就如同大朵大朵的栀子花,散发出淡淡的香,弥漫到了每一个角落。

三毛以她充满传奇色彩的一生,为世界留下了许多充满异国风情的文字。她走过千山万水,在写给琼瑶的《送你一匹马》里,她甚至建议琼瑶也要多出去走走。她经历过人生的大爱和大痛,就如同她的性格一样,爱要爱得至真至性,痛要痛得淋漓尽致。这样一位女中豪杰,却在48岁的时候,从容地为自己的一生画上了一个神秘的句号。

讲到席慕容,心中则是充满了淡淡的温馨。她对清晨阳光的感悟,对家的气息的眷恋,对一株花的赞美,以及那佛前苦苦央求的五百年……这一切,无疑让人感到,这个怀着一辈子爱的女人,有一颗感恩、敏锐的心。

她们同为艺术的创造者。三毛喜欢画画和收藏,但画画更是席慕容擅长的本行。她们也同样热爱大自然,善于歌颂与捕捉最新鲜的自然界。她们将自己的真实生活记录下来,用那颗敏锐的心去观察人生中一切静待的事物。然而由于生活的经历不同,艺术追求也不同,她们两个在后期的成长中选择了自己更擅长的一条艺术之路走下去。

少女时期的三毛如同小溪般纤弱,由于童年的一些阴影她有着长达7年的紧闭时光。而父亲陈嗣庆不顾工作的辛劳,每日回家为三毛进行国文的辅导。她因为有这样一对通情的父母,才触发了她最初的写作才华。她之后的经历很多,异于常人,这也是在她作品中形成了——壮烈,美好的文学倾向的起源地。

三毛和席慕容都是创造了真挚爱情和幸福婚姻的女人。作为热爱生活而又记录生活的作家,三毛作为沙漠生活中的一个奇女子,艰难单调的沙漠生活在她笔下闪烁着奇异的光芒。其中《结婚记》、《沙漠中的饭店》、《白手成家》等几篇文章,浪潮般壮美地反映了三毛的现实家庭生活。结婚后她在结婚日记中写道,只有一个床垫子,几块草席,家具是荷西用废包装箱自制的。荷西送给三毛的礼物是从沙漠中找来的一副完整的骆驼的头骨。三毛没有婚纱,也没有鲜花,他们的婚礼不如我们现在的婚礼浪漫、美满,她就拿起身边的一把芹菜绑在了草帽上。

婚后,他们过着神仙般的生活。三毛与荷西一块儿去沙漠探险,去打渔拾荒,真正过上了她读书时代写的"拾荒梦"的生活。三毛凭对丈夫的爱,对家庭的爱,对生活的爱,一点一滴白手起家,在枯燥和艰辛的沙漠生活中,创造了轰动整个沙漠的"艺术宫殿"。三毛写道:

> 我将我的城堡关上,吊桥收起来,我放上一卷录音带,德沃夏克的《新世界》交响曲充满房间。我,走到

轮胎做的软椅垫里,慢慢地坐下来,好似一个君王。

——三毛《白手成家》

三毛用自己多情的笔,把艰苦的沙漠生活描写得有声有色,妙趣横生,她把热情带入神话般的世界中,令人神往。

席慕容也有一个幸福的家。她同丈夫,台湾著名的物理学家刘海北先生是在布鲁塞尔留学时"私订终身"。留学结束后回到台湾,过着田园般平静的生活。席慕容的散文写作中,有部分名篇,比如《一家之主》等,反映了她的家庭生活。如果说三毛的家是夫妻恩爱的"二人世界"的话,那么席慕容的家则是儿女双全的"完整世界"。当席慕容穿着漂亮的婚纱在布鲁塞尔古老的教堂中走在紫红色地毯上时,她一刹那间懂得了什么是遗憾,终于流下泪来了,"妈妈,我很想您,我想回家"(《想您,夏日的午后》)。她自己当了母亲之后,慈母的血脉自然地流到了她的身上。之后的生活必定是围绕着孩子展开的。

两位女作家各自的家庭生活,在思想、意境、方式、情趣上虽有不同,却都是我们所向往的生活模式。她们的生活就如同一曲溪水,欢快地流淌着。

三毛和琼瑶

三毛和琼瑶是很好的朋友,据琼瑶自己说,"她晚上总是会打电话给我,和我谈谈现在的生活,包括感情上的事。但却没有想到,她这样就走了……"

琼瑶回想着说:"我和三毛是很好的朋友,三毛在遇上生命难题时候第一个找的就是我。"她多半在午夜给我电话,一说总是好几个小时。她说她很累,很想从大众眼里的"三毛"这个角色中,脱离出来。

1991年1月4日凌晨,三毛在医院的卫生间里用一条丝袜结束了自己的生命。当时她才48岁,而她的姐姐陈田心对她的死亡事件产生了怀疑,这个向来非常注重外表的妹妹,怎么可能以睡衣示人，况且哪个准备死的人还会淡定到这般地步，桌上还堆着她的书。"虽然我们知道，对她来说这一天迟早是会来的。却没有想到它来得这么突然……"

三毛以年轻的生命作别了她的父母，在荷西走后，三毛的精神状态一度恍惚，她想要追随那个世上最懂她的人而去，但后来念及父母，不忍心让父母在辛劳一生之后痛失爱女，于是强迫自己不死。她说："我愿意在父亲、母亲、丈夫的生命圆环里做最后离世的一个人。"

在丈夫离开以后，她常常显得闷闷不乐。其实当时她就经常打电话给琼瑶，与她诉说自己的苦闷。那时候她就有过寻死的念头，琼瑶当时也是因此劝导过她的，希望她不要让做父母亲的人感到悲痛。我想她如果与荷西有一个自己的孩子，那么今天的命运说不定可以改变。甚至她可以过得更好，因为她的生命里，除了丈夫和亲人以外，还有一个属于他俩的爱情的结晶。

台湾《联合报》1月6日报道，记者专门采访了三毛的爸爸陈嗣庆：

记者：三毛在弃世以前有没有向您透露过厌世的念头？她有没有留下遗书或者遗言什么的？

父亲：十一年前，从荷西死后，她就一直有"死"的念头。遇到情绪不好的时候，更常把死挂在嘴边。我和陈妈妈，有点"习惯了"也就不再把它当做很重要的事情来办。但谁也想不到这件事情会发生，她没有留下任何遗言。

记者：三毛今天谱上人生的句号，您作为她的父亲，可否谈谈对她的感想？

父亲：她从小就是一个特殊的人物，和一般小孩不同，很多事情如果发生，一般小孩不会当一回事，但她不同，她会非常在意。

记者：您觉得了解她心中所想吗？在您心中，她到底是怎样的人？

父亲：很难形容！我想，她大概一直感到很寂寞吧。我一直觉得，虽然三毛和川端康成、三岛由纪夫、海明威等世界级的作家还有一大段距离，但我隐约预感，三毛也会走像他们一样的路，我嘴里虽未说出，但

心中阴影一直存在。

荷西走后对三毛而言，世上不再有真正懂她的人存在了。此时能够安慰她，真正安慰她的人便是琼瑶了……琼瑶和三毛都是在 20 世纪 80 年代兴起的作家，她们两个人的影响力都非常大，《中华文摘》2005 年第 1 期登载了《影响现代爱情的十大人物》列表，列在首位的就是琼瑶，三毛则是排在张爱玲与徐志摩之后的第四位上。

琼瑶的小说均与风花雪月相关，而三毛写的则是流浪与爱情的综合化身。三毛笔下更多的是些婚后的爱情，写她与荷西的故事，两个人心心相印，朝朝暮暮，几乎每一个细节都浪漫而温馨。他们懂得给对方保留足够的空间，既相亲相爱，又相敬如宾。尽管缺少了点浪漫的诗意，但荷西不仅爱三毛，而且充分理解她，让她成为一个自由自在的妻子。

然而琼瑶似乎一直比较忌讳写婚后的生活，描写的都是一些童话故事，千篇一律的结局，从此主人公过上了幸福的生活。至于他们的婚姻生活是否真的幸福就没有探讨了，有点"残酷"的鲁迅先生却非要打破这样的童话爱情，他的《伤逝》就可以看成琼瑶爱情小说的真正结尾，不过这样说恐怕鲁迅和琼瑶都不会赞成吧。

三毛一直是被人们热衷着的一个台湾作家。李敖先生在他那篇《三毛是伪善》中说道，三毛过分强调自己的浪漫，过分追求生活的戏剧化，有些言行有诱导青年的危险。其实不然，美好的期待中根本不存在诱导。

在作品里总感觉三毛试图通过自己，想要塑造一个人见人爱的尤物。虽然作品里多以爱情为主要的元素，但是她描写的爱情并非是简单的哭哭笑笑，而是提供给具有一定知识背景的青年们阅读的。台湾大学心理学教授黄国光曾说："三毛的作品与琼瑶一样，充满一种虚幻的不真实。"如果作品本身规定不能虚构那我无话可说，但行文中没有这样的规定，因此请问什么才是真实呢？

三毛和朱天文

三毛有一个好友,名叫朱天文,她是台湾著名作家之一。她们同在台北,却因为一次没有见面的约会,三毛在她的文章《云在青山月在天》里写到过这样一句话:"其实见不见面哪有真的那么重要,连荷西都能不见,而我尚且活着,于别人我又会有什么心肠。"

这并不代表她不想念这位朋友,而是有些生命中的负累,对于那时候的她来讲,不如不见来得更轻松些。因为,见面总会勾起最起码的思念来。

再看作家朱天文笔下的三毛,她在其散文《一杯看剑气》中这样写道,我妹妹朱天心有个好友叫三毛。她是从《联合报》副

刊登的《中国饭店》开始关注三毛,而认识三毛却要到三个月前的《联合报》小说奖颁奖典礼上。1977年三毛曾写过一封长信给天心。三毛向来不主动写信给人的,那次因为读了《击壤歌》,晚上怎么睡也睡不着,踱来踱去踱了一夜,隔天就寄了张十美元的钞票来,附上只有一句话的短笺。

她原以为天心不过只是一笑置之了吧,岂知天心亦是欢喜她的。自那时至今三年,只晓得天涯海角有个三毛,隔着千重山万重山,偶尔才从报纸杂志上捎来了天边的一朵白云。一种牵挂,而好像连牵挂也说不上的,只便两地闲情,都是共了一个日光星辰吧。

三毛和贾平凹

　　三毛去世几天后,贾平凹收到了她的来信。本来两个相交已久的朋友,正想通过见面的方式真正地结识对方。当年的情形不一样,交通也没有现在的便利。说要去认识一个"陌生的人"就好像如今在因特网上认识一个要去现实中见面的人一般。

　　我相信在这里贾平凹本人是最有发言权的。他们还没有见面,三毛却死了。虽然我们总是把生活理想化,而实际上痛苦却能战胜生命并取代往昔以来一直美好的东西。这次失约也许是两个大家之间的遗憾,却也是一段很美、很美的告白。

　　据我所知,三毛在大陆刊物《延河》上发表了她最后的信件,这封信是写给贾平凹的。贾平凹在收到信件以前得知三毛死了的消息,十分悲痛,便写下了《哭三毛》及后来的《再哭三毛》等文章。

在他的散文中他这样写道:"三毛死了。我与三毛并不相识但在将要相识的时候三毛死了。三毛托人带来口信嘱我寄几本我的新书给她。我刚刚将书寄去的时候,三毛死了。我邀请她来西安,陪她随心所欲地在黄土地上逛逛,信函她还未收到,三毛死了。三毛的死,对我是太突然了,我想三毛对于她的死也一定是突然,但是,就这么突然地将三毛死了,死了……"

只可惜信已落地,人便散做黄沙去了。原本在文友之间,你来我往的事本是比较多的。一则可以好好地参观当地的文化风俗;二来则是为了会会久未谋面的朋友。当然这之间,最少不了的还是文学上的交流。不过,此事于贾平凹和三毛之间,真是不必提了。在信中她这样写道:

平凹先生:

现在时刻是西元1991年1月1日清晨2点。下雨了。

今年开笔的头一封信,写给您:我心极喜爱的大师。恭恭敬敬的。

感谢您的这支笔,带给读者如我,许多个不睡的夜。虽然只看过两本您的大作,《天狗》与《浮躁》,可是反反复复,也看了快二十遍以上,等于四十本书了。

在当代中国作家中,与您的文笔最有感应,看到后来看成了某种孤寂。一生酷爱读书,是个读书的人,只可惜很少有朋友能够讲讲这方面的心得。读您的书内心寂寞尤甚,没有功力的人看您的书,要看走样的。

在台湾,有一个女朋友,她拿了您的书去看,而且肯跟我讨论,但她看书不深入,能够抓捉一些味道,我也没有选择地只有跟这位朋友讲讲"天狗"。这一年来,内心积压着一种苦闷,它不来自我个人生活,而是因为认识了您的书本。在大陆,会有人搭我的话,说"贾平凹是好呀"!我盯住人看,追问"怎么好法"?人说不上来,我就再一次把自己闷死。看您书的人等闲看看,我不开心。

平凹先生,您是大师级的作家,看了您的小说之后,我胸口闷住已有很久,这种情形,在看《红楼梦》看张爱玲时也出现过。但他们仍不那么"对位",直到有一次在香港有人讲起大陆作家群,其中提到您的名字。一口气买了十数位的,一位一位拜读,到您的书出现,方才松了口气,想长啸起来。对了,是一位大师。一颗巨星的诞生,就是如此。我没有看走眼。以后就凭那两本手边的书,一天四五个小时地读您。

要不是您的赠书来了,可能一辈子没有动机写出这样的信。就算现在写出来,想这份感觉——由您书中获得的,也是经过了我个人读书历程的"再创造"。即使面对的是作者您本人,我的被封闭感仍然如旧,但有一点也许我们是可以沟通的,那就是:您的作品实在太深刻。这不是背景取材问题,是您本身的灵魂。

今天阅读三个人的作品,在二十次以上,一位是曹霑;一位是张爱玲;另一位是您。深深感谢。

没有说一句客套的话,您所赠给我的重礼,今生今世当好好保存、珍爱,是我极为看重的书籍。不寄我的书给您,原因很简单,相比之下三毛的作品是写给一般人看的,贾平凹的著作,是写给三毛这种真正以一生的时光来阅读的人看的。我的书,不上您的书架,除非是友谊而不是文字。

台湾有位作家叫做"七等生",他的书不销,但极为独特。如果您想看他,我很乐于介绍您这些书。

想我们都是书痴,昨日翻看您的"自选集",看到您的散文部分,一时里有些惊吓。原先看您的小说,作者是躲在幕后的,而散文是生活的部分,作者没有窗帘可挡,我轻轻地翻了数页。合上了书,有些想退的感觉。散文是那么直接,更明显的真诚,令人不舍一下子进入作者的家园,那不是"黑氏"的生活告白,那是您的。今晨我再去读。以后会再读、再念,将来再将感想告诉您。先念了三遍《观察》(人道与文道杂说之二)。

四月(一九九〇年)底在西安下了飞机,站在外面那大广场上发呆,想贾平凹就住在这个城市里,心里有着一份巨大的茫然,抽了几支烟,在冷空气中看烟慢慢散去,而后我走了,若有所失的一种举步。

吃了止痛药才写这封信的,后天将住院开刀去了。一时里没法出远门,没法工作起码一年,有不大好的病。

如果身子不那么累了,也许四五个月可以来西安,看看您吗?倒不必陪了游玩,只想跟您讲讲我心目中所知所感的当代大师——贾平凹。

用了最宝贵的毛边纸给您写信,此地信纸太白。这种纸台北不好买了,我存放着的。我地址在信封上。

您的故乡,成了我的"梦魅"。商州不存在的。

三毛敬上

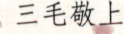

从信中可以看见，当时的三毛整个身体状况并不是很好，还得依靠止痛药的功力，才可以坚持坐着写信。再得知三毛于1月4日凌晨逝世的消息后，1991年1月7日，贾平凹才悲痛地写下这封回信。明知收不到，也要以此送别三毛的遗骨：

人活着是多么的不容易，人死灯灭却这样快捷吗？
三毛不是美女，一个高挑着身子，披着长发，携了书和笔漫游世界的形象，年轻的坚强而又孤独的三毛对于大陆年轻人的魅力，任何局外人作任何想象来估价都是不过分的。许多年里，到处逢人说三毛，我就是那其中的读者，艺术靠征服而存在，我企羡着三毛这位真正的作家。夜半的孤灯下，我常常翻开她的书，

瞧着那一张似乎很苦的脸，作想她毕竟是海峡那边的女子，远在天边，我是无缘等待得到相识面谈的。可我怎么也没有想到，一九九〇年十二月十五日，我从乡下返回西安的当天，蓦然发现了《陕西日报》上署名孙聪先生的一篇《三毛谈陕西》的文章。三毛竟然来过陕西？我却一点不知道！将那文章读下去，文章的后半部分几乎全写到了我。三毛说"我特别喜欢读陕西作家贾平凹的书"。她还专门告我普通话念凹为(āo)，但我听北方人都念凹(wā)，这样亲切所以我一直也念平凹(wā)。她告诉我，"在台湾只看到了平凹的两本书，一本是《天狗》，一本是《浮躁》，我看第一篇时就非常喜欢，连看了三遍，每个标点我都研究，太有意思了，他用词很怪可很有味，每次看完我都要流泪。眼睛都要看瞎了。他写的商州人很好。这两本书我都快看烂了。你转告他，他的作品很深沉，我非常喜欢，今后有新书就寄我一本。我很崇拜他，他是当代最好的作家，当然这只是我个人的看法。他的书写得很好，看许多书都没像看他的书这样连看几遍，有空就看，有时我就看平凹的照片，研究他，他脑子里的东西太多了……大陆除了平凹的作品外，还爱读张贤亮和钟阿城的作品……"读罢这篇文章，我并不敢以

三毛的评价而洋洋得意，但对于她一个台湾人，对于她一个声名远震的作家，我感动着她的真诚直率和坦荡，为能得到她的理解而高兴。也就在第二天，孙聪先生打问到了我的住址赶来，我才知道他是省电台的记者，于一九九〇年的十月在杭州花家山宾馆开会，偶尔在那里见到了三毛，这篇文章就是那次见面的谈话记录。孙聪先生详细地给我说了三毛让他带给我的话，说三毛到西安时很想找我，但又没有找，认为"从他的作品来看他很有意思，隔着山去看，他更有神秘感，如果见了面就没意思了，但我一定要拜访他"。说是明年或者后年，她要以私人的名义来西安，问我愿不愿给她借一辆旧自行车，陪她到商州走动。又说她在大陆几个城市寻我的别的作品，但没寻到，希望我寄她几本，她一定将书钱邮来。她开玩笑地对孙聪说："我去找平凹，他的太太不会吃醋吧?会烧菜吗?"还送我一张名片，上边用钢笔写了："平凹先生，您的忠实读者三毛。"于是，送走了孙聪，我便包扎了四本书去邮局，且复了信，说盼望她明年来西安，只要她肯冒险，不怕苦，不怕狼，能吃下粗饭，敢不卫生，我们就一块骑旧车子去一般人不去的地方逛逛，吃地方小吃，看地方戏曲，参加婚丧嫁娶的活动，了解社会最基层的人事。这书和信是十二月十六日寄走的。我等待着三毛的回音,等了二十天,我看到了报纸上的消息:三毛在两天前自杀身亡了。

三毛死了,死于自杀。她为什么自杀?是她完全理解了人生,是她完成了她活着要贡献的那一份艺术,是太孤独,还是别的原因,我无法了解。作为一个热爱着她的读者,我无限悲痛。我遗憾的是我们刚刚要结识,她竟死了,我们之间相识的缘分只能是在这一种神秘的境界中吗?

三毛死了,消息见报的当天下午,我收到了许多人给我的电话,第一句都是"你知道吗,三毛死了"!接着就沉默不语,然后差不多要说,"她是你的一位知音,她死了……"这些人都是看到了《陕西日报》上的那篇文章而向我打电话的。以后的这些天,但凡见到熟人,都这么给我说三毛,似乎三毛真是我的什么亲戚关系而来安慰我。我真诚地感谢着这些热爱三毛的读者,我为他们来向我表达对三毛死的痛惜感到荣幸,但我,一个人静静地坐下来的时候就发呆,内心一片悲哀。我并没有见过三毛,几个晚上都似乎梦见到一个高高的披着长发的女人,醒来思忆着梦的境界,不禁就想到了那一幅《洛神图》古画。但有时硬是不相信三毛会死，或许一切都是讹传，说不定某一日三毛真的就再来到了西安。可是，可是，所有的报纸、广播都在报道三毛死了，在街上走，随时可听见有人在议论三毛的死，是的，她是真死了。我只好对着报纸上的消息思念这位天才的作家，默默地祝愿她的灵魂上天列入仙班。

三毛是死了，不死的是她的书，是她的魅力。她以她的作品和她的人生创造着一个强刺激的三毛，强刺激的三毛的自杀更丰富着一个使人永远不能忘记的作家。

——贾平凹《哭三毛》

遗憾是遗憾，但事情总是会发生的。每个人回想自己的童年，或多或少会出现与死亡擦肩而过的瞬息。我的一个朋友他写诗，在诗坛颇有名气。但因为日常工作等原因，几年前检查身体时，发现有静脉口呈现半堵塞现象。当时觉得没什么大碍便虔心工作去了。自今年下半年，突发心肌梗塞入院。当我知道这则消息的时候，担心中掺杂着害怕。平时如此健康的人，很有可能因为突如其来的病痛而被打倒。

另外还有个朋友，小时候因为热衷于冒险，常常和伙伴们潜入湖中的游船底部，玩着看似很惊险又可能致命的游戏。他们这群孩子从船上窜入湖中,从船的一侧钻下去一口气游到船的另一侧。而游船在前行,当我们闭上眼睛无法辨认方向的时候,这种游戏是十分危险的。事实证明我的担心是成立的,我朋友果真在船底出不来了,呼吸变得困难,他在安详的水中挣扎,幸亏他的勇气可嘉,如若不然我今生将失去这个朋友了。

想来生命是脆弱的,我们一旦放弃对自身安全的保护意识,就可能从地球上的任意角落上突然失踪。请记住我父亲的话——缘来缘去皆为福!

在亿万种可能中,遇见了你所遇见的人,无论是你的父母,你的爱人,你的朋友或者同学,也可能是老师,我们都应以这样的态度去恒守这段缘分。

这让我想起一位父亲的话。他说:"生命是短暂的,今天你若还在浪费着生命,明日会发觉生命已悄然远离了你。人生也是没有一种东西是不能替代的,明白了这一点我们所受的任何缺失，都没什么大不了。"他还告诉我们，亲人只有一次的缘分（当然也包括朋友），在这之间，无论这辈子我们会相处多久，也请好好珍惜共聚的时光，下辈子，无论爱与不爱，都不会再见。

2001年10月，贾平凹接受记者采访时说："三毛是我未曾谋面的朋友！"有记者跟进询问，有传言说你和三毛有恋情。贾平凹是这样回答的："我和三毛在文字上有些感觉很像，但这不存在文学之外的东西。文学之外的流言我不想多说什么。三毛是我没见过面的朋友，我只是尽朋友的职责，到鸣沙山的时候也曾寻访过她的衣冠墓。"

众人眼中的三毛

　　她的一生多为命运所叮嘱。除去身体的流浪,她的精神从未停泊过。她的包袱很重、很重,重到难以抵挡别人对她的谈论。她在书上说,自己"讨厌三毛"的形象。的确如此,距离她创造出三毛这个沙漠奇葩的形象至今已经面目全非。

　　过去我对她的理解并不深刻,从开始知道三毛,到去大型的图书馆借阅她的书时,常常是出于大众对她的喜爱或者她已有的名气,去翻阅她那些既浪漫又感性的文字。我并不太喜欢这些带有小资情调的文字,在她的作品中我更偏向后期出版的《三毛全集》中的语段。那是她作为一个吃苦的女人,写下的人生真谛。我总能在这些书中看到她的焦虑,同时替她感到担心,这个不再是过去的小女人似要扮演一个极其想得开的人。实际上,她无一例外地在反复强调着自己过去的生活。一场公开的演讲中,她毫无隐瞒地讲述荷西对她的关怀。她的声音很女孩气,与她的外表判若两人。她曾看过心理医生,在医生的帮助下慢慢复苏过来,这说明她并没有彻底离开失望的边缘,以大无畏的精神去拯救和倾听更多人的哀伤。医生也劝导那个在沙漠中结婚的女孩把心事说出来。三毛不相信丈夫真的死了,几度怀疑起自己的生活,她玩通灵的游戏和丈夫对话。在这之前,她正陪伴自己的父母旅行,当她接到一张印有"寡妇"字样的名片时,她还感到不吉利,却没有想到转眼间事情就发生在自己的身上……

她难以忘记,过去用双手建立起来的生活影像。她情愿相信这个世界上有另外一座世界,一张被画乱的纸上她情愿相信留着亲人的对话。她在深夜哭泣,如果要问谁是她唯一的听众,我想除去琼瑶,她的读者就是唯一,但都没有自己这个施救者来得给力。

假如她真的期待过死亡,那么她一定将自己的离开做过详细的设计。如果这个世界上,真的有什么能够给人带去慰藉或者说能够通灵的话,荷西还舍得这个傻妻子为自己寻死吗?

看看别人是如何评价她的:

L说:"三毛不很美,少年受过刺激,必是不很讨人喜欢的性格。但是她的父母都是世间最好的父母,接受了她的任性,包容了她的率性。这样的父母,应该养得出一个心态很健康、人格很健全的孩子,即使遇到过一个恶劣的老师,又怎么会一下子自闭得那样严重?后来,成长、求学、恋爱,但情路一波三折。她不断地爱上生活中出现的有着某一方面可取之处的男子,但她不敢坦然面对。为了掩饰这种自卑,她从来不肯承认相貌带来的失败感。相貌对于一个女人的爱情经历是影响重大的。三毛没有足够的吸引力,但她又是极为痴情、多情的人。所以她的爱情多是她爱上人家,但她偏要向别人证明,有许多许多的人爱过她,以此来证明自己有魅力,坚定虚弱的自信。

三毛的爱情其实多是她爱人家。曾有人说,爱神在去爱的人那里,而不在被爱的人那里,虽然不无道理,但从得失来说,谁都不肯承认自己是失败的,是输掉的,每个人都喜欢占上风。于是三毛总是将似是而非的被爱珍惜地记取,陈列给别人看,正如孔乙己在柜台上排出他的九文大钱。"

P说:"三毛不是故意要说谎,她只是想告诉别人她活得很出色,很带劲。她将自己最带劲的点连接成虚线给人看,让人以为那些虚线就是她真实的人生。所以人们只看到,她活得如此坚强,如此从容,如此游刃有余,如此占尽上风。其实不是。她只是在扮演一个留在纸面上的虚拟的自己。好像是台湾的季季说过,三毛的作品里是一种'自我幻化',我最认同这种说法。一个逃避人生的人,除了自我幻化还有什么更好的消遣生命的方式?她一味向读者兜售一个多么了不起的三毛,然后躲在虚化的人物背后心力交瘁。后来她曾在文中说:'你们都被三毛骗了。'又说'我要杀死那个三毛'。这说明,再继续表演下去,她实在力不从心。病痛,心痛,都曾经是事实,但这一切若被当做商品贩卖,总有一天她会感到承担不起,因为没有人的真实和隐私可以给人拿了放大镜端详。"

Y说:"她热爱自然的一切,大海,艺术,真诚,并且把自己的热爱夸大,放在舞台上表演。舞台原本是虚构命运的地方,她偏要拿真实的自己去上演,到最后自然弄得真真假假、是是非非不可收拾了。"

其实三毛不知道对于懂自己的人来说，一切都是不必太在乎的也无需做任何解释，因为不懂你的人根本不需要它。有人说三毛最后自杀是因为失去了荷西，因为《滚滚红尘》这个剧本自己没有获奖，因为病痛的折磨乃至于漫长的等待……使得她对生命的渴望越看越淡。实在，她一直在成功给别人看，在心态上她甚至接受不了一个正常的失败。我们面对出生是没有主动权的，我们对命运也大多是逆来顺受，而唯一能对自己的生命做主动权的只有一件事，那就是——结束它。

其实爱与不爱，果真没那么重要。死或不死，问题解决不了亦没有真正摆脱，你还会带着焦虑去寻找答案。这必定是一个人的命运，我们也只是人手持着一把钥匙，在主动和被动的间隙中，早一步或晚一步抵达这个游戏罢了。但活着的时候一定要好好的，除了看见过死亡的人，谁都难以抵达心灵的极致。你可知道活着是这个世界上拥有一切幸福的最大可能。因此我们将更珍惜生命，去破译一个残缺的密码。将事实进行到底，做善事，成好人。

20年,她在人们心中

第六章 三毛和她的朋友们

前些日接到社科报程洁的来电,就三毛逝世20周年的话题谈了一会。在社会压力繁重的今天,我们为什么对这位率真而可爱的女作家久久难忘。那是因为,无论时日怎么转改,我们依旧希望寻到真,面对真。

1991年1月4日凌晨,噩讯把这个女人的遗体抬走了。她并没有向这个世界说什么,她却说了很多。她向我们坦言:"不真实的事情我写不来!"她向我们展露了一个成长在蜕变中充满着奇遇的个人使命。

今天,她真的走了吗?事实对我们讲,一个完整的形象始终是不会离去的,因为她的真,也因为她对待生活的热忱。出发前是一场旅行，死亡难道不是另一场新的出发？人间有太多的事，需要把它们分成两半来对待，结果错与对在整体中占据的是一半的一半。

美好的意外，把我推向了一个女人的内心世界。像所有不经意的那样，越是巧合的东西到最后越美丽。我打开一扇天启之窗，每个方向都被雾包裹着，而这各色各样的雾的深处，条条大路却也是可以行走的。

这当然是我写书时的感受，而我也从中捕获到欣喜。

我们常常把自己定位很高，以各自的标准去要求对方。于是问题产生，而这问题的根源往往是双方的。三毛就是个幸运与不幸相交的结合体，而我们多半也是逃不出这种纠葛的。每个人的选择终究会有自己的原因，48岁可以说还很年轻，但做了也是美丽的放弃。当初听过一个自杀者的传闻，本也在个体主动了断生命的过程中，有人告诉你不用急着去死，因为死亡对每个人都是公平的，它不像爱情那样姗姗来迟。而那些能够选择的人，往往是具备条件的。

再看三毛，是去读她的真。因为坦诚使她变得无所畏惧，年轻时大胆地倾吐自己的内心。许多人为之痴为之狂，为此也有不理解，"以为我是一个不实际的人，然而我并不是整天都活在文章里。"而她在告诉张曼娟的信中曾这样写道："很久以来，一直想跟你说，妹妹，这条路，我们都在走，旁人如果批评我们，你得分析一下他们的心态,就不会再默默忍耐、委屈,甚而感到孤独。"

她的文字告诉我,她必须是一个勇于冒险,敢爱敢恨,热情率真,好奇而大胆的人。

说她勇敢是因为她有胆量去追求属于自己的快乐,敢作敢当而无所畏惧;说她率真,是因为她不避讳自己的热忱。善良地活着,活得真切,活得过瘾,活得实在。幸福于她就是生活中所有的情节,一旦写作阻碍了她的生活,她会毫不犹豫地立刻放下笔,不再说话。她还特别有个性,在《一生的爱》这篇散文里写道:"将来长大了,去做毕加索的另外一个女人。急着怕他不能等,急着怕自己长不快。"她喜欢挖掘身边的故事,敢于尝试新鲜事物,她拿爱情、亲人和朋友作了自己一生的注脚。

不说假话的她,喜欢就是喜欢,不爱就是不爱,对任何事情都能坚守最初的态度。一个在中年变得越来越美丽的女人,不仅是因为她的才情,也不是因为她的转型,而是她学着把自己包裹得严实而不必再透明,她把三毛的形象跃然于纸上。在《说给自己听》里面就有这样一段话:

你聪明的话,将那片幕落下来,不要给人看了,连一根头发都不要给人看,更不要说别的东西。那你不如在幕后也不必流泪了,因为你也不演给自己看,好吗？虽然，这许多年来，我对你并不很了解，可是我总认为，你是一个有着深厚潜质的人，这一点，想来你比我更明白。

不知畏惧、坦诚、大方而深刻，是她留给我们的印象。这类基因，大部分的人都是它的携带者。好像一本好书，拥有它就好比邂逅着一个好人，其本质是相通的，也是你走得最近，最后一个想拥抱的人。

每个人一生都在成长，我们看三毛就好像在翻看昨天的自己。过去，把作家这个职业理解得太神圣，好像遥不可及；实则人生中有些事，有些人，一旦错过就像错过最美的青春。而你选择的，合适你的，并非一定是自己所要的生活，只能说心动一下便是结果。而这最平常的东西，却无形中影响了许多人。

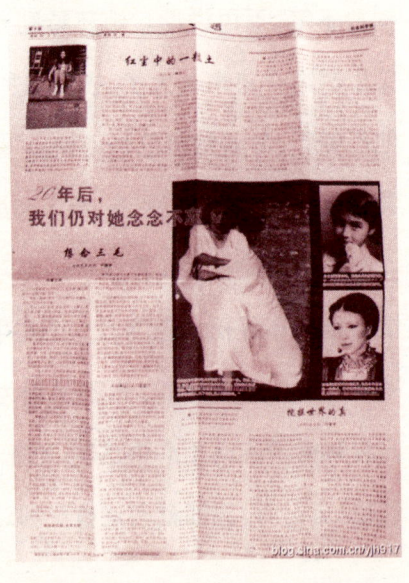

2011年1月4日，三毛逝世20周年。我们依然没有忘却，是因为今天的社会，依然渴望真诚。

后记　成人生活

成人生活

——我必须写一篇和三毛完全无关的文章来结束这段考察生活。

事物的开头永远是难以预料的,比如我还没有想过,我却是随着人潮涌来的第一个人。我睁开眼睛的时候,我会看见模糊的天花板,还有像停尸房里一样昏暗着的日光灯。我的身旁躺着许多的生命,他们舒展自己的身体,差不多对于看见的一切都抱以怀疑和期待。

声音,成了这个世界上第一个走进我生命的物质。它是一种摸不着、用肉眼也看不见的东西,但我能准确地把它分辨出来。而且我知道,当我还在胎盘里的时候,从那些隔着薄膜的壁画上镶嵌着流金似的瀑布时，我就听见有歌声在轻缓地流淌。我知道在不久的将来,我将以我的身份喊出：妈妈。

我做的第一个梦是我被一个年长的白发老太太带走了。她不知道从哪里冒了出来，我只知道刚才我还躺在一张两人宽的床上和阳光做着亲密无间的游戏。这会儿又忽然被一个更陌生和更遥远的人带到外面。

啊！我得感谢她。

是她让我看见了我自以为是的美妙的水泥房子、沙堆和漫天黄沙笼罩着的空气。这就是我对世界的第一个印象。可悲的是,那个白发的老太太竟然把我背到了3层楼高的车间里。没有人注意到我就在她的手上。也许曾经在意过我的那些个陌生的男女，也不知道此时应该躺在床上的我竟然被人举着正准备从这个外置的楼梯上往下摔出去。我更不清楚我是如何获救的，但也许是自救呢？我唯一的印象是我的头磕了很大一个口子，而且我哭得厉害。这一切就像做了一个梦，如果我早点知道有个叫鲁滨逊的英雄一个人渡海的故事的话，说不定我也能成为一个再世的英雄。

我做的第二个梦是我站在那里，目光越过了庭院，这是多年以后的一个下午，我寻找着对过去事物的恐惧感。我与他站得很远，在梦里面，眼望着眼，神秘地对视着。

那些荒唐而诡异的幽灵，正从睡梦中频频出现。

那声音是这样唱的:她渴望用你的悲伤来打听我……

孤单、阴冷的四壁,隔开戈壁的谈话声,蜡烛是这个世上必备的照明工具。他在送走了亲人的最后一幕,便不再流泪。他回到过去,一个人守住一潭清水,把自己的身体送回童年。为了这样做,他把整个头捂在水下整整几分钟。他把身体放得很轻很轻,他在水里尝试静坐的滋味。结果他不敢相信自己的耳朵,因为他的周围充满了子宫的声音。他明白人活着的时候,和出生以前都是在宇宙里度过的,因此他也相信来生。他相信事物在这个世上是不可能凭空消失的,但他又希望这一切消失得无影无踪。必定,他不渴望让先行的人们回头看到他的悲楚。

这并不是一个简单就能完成的计划,它需要长期经营,而明知存在即虚无。他抬头看着一盆水,把无数个小小的生命,

支配为穿着黑铠甲的骑士。它们的头和身子的比例差不多,这绝对能完成这个实验。它们是优秀的水军,不需要任何装备便能在水中呆上好几十分钟。为寻找过去,只要在一定的时间里把它们抬到岸上,让沙石吸收它们的水分,日光一出来,这些黑色的骑兵便举起巨大的触角探索着来时的路线开始前进。因为强壮,它们受到更高的挑战。在背负所有痛苦,所有满足的状态下,它们一个个跳入水中。我的眼睛充满着泪水,他看见黑色的骑士在水里漂浮,有的却和陀螺一样,以每秒钟5圈的速度高速旋转,好像尝试着以某种速度,让时间停留或穿越黑洞。

该结束了——沼泽和梦都在呼唤我们。我看见一地的尸体中有几个骨瘦嶙峋,它们念着各自的过去。

NO.1 初生之梦

我的出生与这个世界有关。我的母亲是镇上有名的乐手,她常常用吉他弹奏给田里的农民听;我的父亲是镇上一所学校校长的儿子,是一个车间的年轻干部;他们因为什么走到一起我不知道,但能肯定的是这与我有关。

我的出生不仅给这个家庭带来新的喜悦,同时成了家里永恒不变的轴心。我的母亲开始放下她的音乐,拿起缠人的毛线和我父亲一起,为我所需要的温度针织五彩的毛衣。这种手艺在六七十年代是广为流传的,因为这些附带创意和小碎花的针织,我母亲在很年轻的时候就获得过许多的奖项。为此,我也有了一本光荣的《独生子女证》。

最早接触这个世界的是我的哭声,它像夜雨撕咬霹雳的天空那样使人震耳欲聋。到现在我都不知道一个孩子出生的时候为什么要哭泣,不会是想以此宣布我到来的信号吧?那时候,我所认知的世界完全与绿色有关。和平、简单、朴素是80年代相同的特征。我穿的裤子简约而合身,不像现在这么漂亮而且显身材。我的个头跟一只公鸡一般高,每当吃

饭的时候,我总要思索如何避开这些无情的掠夺。它们常常会把我的手啄破,然后啄我碗里的米饭,通常我会忍不住惊叫起来并且带着哭腔在父母的偎偎里啜泣。在我洗澡的时候它们总会悄悄走进我的脚盆,当然这些举动我父母是不知道的。在我眼里它们比我庞大而且凶狠,我时常为逃避它们而不敢洗澡也不想吃饭。我的幼年就是这样与这个陌生的世界开始息

息相关的。

但我的出生又与这个世界无关。我的名字和这个世界无关，我的习性以及我住的地方，我将不会与它们有任何关系……直到有一天，我将意识到我不仅仅是因为存在而存在，此后的一切就与这个世界有了关联。在多次实验之中我还是诞生了，在一个村庄，一群姐妹中最小的一个。

初生之梦也便随之而来。一个孩子的童年，被问及最多的也就属理想了。然而我幼年的"想法"完全与后来的理想无关，我相信在那个时代，一个有学识的人比一切来得更重要。优异的成绩不仅能吸引大量的奖励，同时被人重视——在物质上的补偿以及精神上的宠爱，远比起那些成绩差的孩子要好过得多。那些人总以为"老有所依"，只有好的经济条件和日后有出息的孩子才可能依靠。实际上我不是特意去击醒那些老人的梦想，然而从一些新闻纪实的栏目中，我们时常会看到一些令人震惊的场面。比如一个本性"善良"的孩子杀了家人；一个成绩优秀迫于生活压力的人跳楼自杀；一个备受众望的孩子费尽脑汁地剥夺家业……当然我所说的这些大多出现在农村，但那个时代的孩子有几个不是从农村走出来的呢？然而，我们这代人因为是独生子女而备受呵护，有的孩子甚至不愿意再谈及谋生的手段了。

我想他们在小的时候也一定有自己的理想。比如航空人员,科学家或者艺术家之类的头衔。有些哲学家对于人类的理想是这样解释的,他们认为大自然剥夺了人类用四肢走路的本领时,就一定会授予他一根理想的拐杖。也因为那些意识形态的诞生,他们的目标才会越来越接近星空。我的目标很渺小,不像有些人的伟大,我小的时候只希望长大可以成为一名博士生。那时候博士是少之又少的,并且在他们看来,这几乎是家族的光荣。

当然后来我就不这么想了,它充其量不过是人生的一个阶段。如今,所有姑娘们都长大了,大部分都嫁了人生了孩子,然而理想在这个时候几乎不存在了。很多人成年以后便把当初的理想忘掉或丢掉了。特别是那些有了家庭的女人,她们的不懈努力与追求,几近成为新时代劳动与光荣的代名词了。她们之中最多的人将"理想"理解为赚钱,然而生活只成为衣食住行里一切围绕孩子出发的动力。

总之,一个人最初的梦想不一定是最后所实现的,也不一定是必须坚持到底的。初生之梦只能代表你将来更高的一个起点,只是我们在这样的一个基础上不断地进步。人生最可怕的就是活着没有梦,死了连个梦也没有做完——诸如虚设的人生,远比木头还要生硬。果然一只手掌握住我的手,在寒风中颤抖,而这种颤抖使我全身上下传来一股暖流的歇息。

NO.2 信之友谊

早些年还写信的时候,我们保留着原始的通讯方式,并且乐此不疲地等待着回音。不但这样,我们还特意去营造写信的乐趣。每当把自己想说的统统写成思念,不但人觉得轻松还特别渴望友人的回信,这也许是一个处在少年时期的孩子应有的忧愁与好奇吧。那种日子是现代的 E-mail 里无法体验得到的。

当然,最初促使我们写信的目的也包括生活。我们相信写信会让自己增长课本以外的知识,可以向人讨教得更多,就像和自己对话一样毫无隐瞒、毫无顾忌,同时也尽可能的淋漓尽致。我想,这也许就是有些作家为什么将自己的书信印成集子的缘故了。

我的一个好友在来信中曾经对我说,她希望在年轻的时候接受一场轰轰烈烈的爱情,然

后在自己最美丽的时刻死去——让那个人永远记住自己。这是一种建立在形而上美好的爱情理想,不知道这是否接受了张爱玲或者村上春树的某种思想(因为她当时正在读《挪威的森林》)。

我因为拥有这样的朋友而感到幸福。时间过得很快,仿佛一切静止在眼前,但必须让我相信的是我们都已经长大。那时候我常常会去学校找我的好友,陪她们值班,陪她们聊天。仿佛时间这种东西本来不是上天赐予我的,更不会觉得短暂了。但唯一觉得短暂的,是我心中那难忘而可贵的友情。

至今为止她的信一封未少,但后来我才知道最后面的内容之所以感人,那是因为人一生的朋友都不可能久久固定。时间还很近,不过是2002年的事情。我的朋友的字写得也非常漂亮,仿佛每个字都是可以单独存在的个体,在白纸上欢快地跳舞、祝贺。回首当年的信件,会发现一个孩子是多么的可爱。难怪如今这种匆匆忙忙的生活中,好友说怀念当时写信的日子。

写信这件事不但是快乐的,而且还可以了解老朋友的习惯与饮食。但我相信,时代的转变使人们对日常生活的质量要求也一定有了不断的提升。那时,我或许想显示一下自己的手工艺技术,而将寄信用的信封找些纸来自己做。当然那个时候,只要你在信角上贴了邮票,一般都是可以寄送出去的。而我好心又善良的好友却看我"可怜",于是将自己的信纸和信封贡献给我一部分,继续着我们短距离的寄信游戏。

后来我发现,信的大概方向总与你、我有关。我们会从自己的实际立场出发,对我们要好的朋友说声保重,同时也是一个回答者对提问者解决问题的过程。比如,"我最喜欢的季节是秋天,那么你呢?"友人还会为我翻译一小段诗歌,因为我们对于文学都有着同样的敬畏之情。她还告诉我什么是完美的世界(perfect world)。

而且我所有的昵称几乎为她叫了个遍。那时候我在舅舅的话语中才知晓一个人原来可以有这么多个与自己并不相干的称呼,这些称呼用来做什么呢?到后来我才发现,它不过是针对一些不同的对象而存在的符号罢了。

NO.3 似水光阴

小时候一直揣想着一个梦,那就是等我长大了,有朝一日定要飞上青天去看看。那时候航空还不那么普遍,留学生活也给人存着无限的畅想。所以,凡是坐过飞机的人、用过手机的人、会讲英语的或者留过洋的人都特别容易被人津津乐道。

长大以后,觉得时间是愈发的快了。再不像儿时那样悠闲自在,不能长时间地守在清水边玩耍,也不能长时间地守住一棵树,更不会拿清闲的时光去找那些玩到一块的朋友再度光阴。然而,有朋友反复向我强调:因为我还年轻,所以对生活以及未来一无所知。

网络的兴起,使得我们的交际扩大了,联系也变得方便了。然而,传统意义上的购物、出版、通讯等经商渠道都或多或少地接受了一定的冲击与影响。那些曾让我们忘情的写信年代,也随着真实的历史越来越远。当我再坐到这里想起赫拉克利特说的,人不可能两次踏入同一条河流,想来光阴就是这最好的佐证。

如今,我终于坐上了飞机。我对那神秘的宇宙和大气产生的美感抱以无限的敬畏。我整整在天上呆了6个多小时,终于从好奇的视角转向生命的思考。我的朋友和我聊诗歌,坐在同一排,还喝着咖啡。然而,我的心时常出轨,我想知道那些山川地貌的形成究竟意味着什么。我忽然想往窗下窥视,希望通过这样的举动探知云层中神秘的组合,然而我失败了。从我坐上飞机的那一刻起,我几乎没有闭上眼睛。但是那天的气候不好,多雨,又伴着强烈的气流。我们坐在飞机羽翼的后两排,自然能在颠簸中感受到失衡的感觉。我的朋友告诉我飞机在这个时候最容易出事,但我不怕,我心里祈求着暴风雨可以来得更猛烈些。但我不是真的不怕,而是我明知那些惊恐都是多虑。

我望着窗外,我闭目养神。我闻到太空的味道……是的,我是多想飞越大气,停在一个永恒不变的时空当中。然而我又想跳跃这仙境,去吻洁白而无瑕的泡沫。

回首光阴,已不再是 20 年前的小女孩了;回首光阴,我看到的也不再是一个孩子躺在草坪上指着天上云说"那是一个什么样的味道";我们不再把笔锋婉转成对云朵的塑形,它不再是一匹奔驰的骏马,不再是燕子,不再是迷人的神话或者棉花糖。但它可以是神话的大殿,气流的笛音,宇宙的碎片;也可以是丰盈的泡沫,神奇的冰岛,童话的向往与天涯海角的誓言。

假如有人问我,这世上最美的是什么。我想它是云层之上那束精彩的曙光,是空气、水和光阴组合的完满人生。纵然时光如流水奔泻不停,这曲折的黑夜,倔强的白天鹅,也要带我飞上蓝天。我想在黑暗里注入天空,我想向你借一双玫瑰色的眼睛,去寻觅黑夜的光明。来吧,光阴。

NO.4 继续连载

我觉得,我一直是最合适谈与诗歌感情的人。我并没有在童年的时候,像往常那些人一样幸福地读过很多很多的书,更没有有效的家庭氛围去衬托我的故事。但这让我想起了一个评论家和我聊天的内容。他讲述他的童年,这才知道我们都不曾拥有一个文学氛围很好的家庭。而他那作为农民的父亲,却给了他最早期的诗歌启蒙。

我想我与诗歌的感情，应当感谢童年。我并非同普通的家庭一样，从小就眷恋在父母的怀抱。而那个年代家庭生活往往比一个孩子来得重要得多，对于这个忙碌的家庭，我一跟就跟了20多年。

我感谢他们把我托付给了我的祖母，她一直以来都是最疼爱我的人，我们共同生活的日子不过5年。因此，我嫉妒起比我年长的哥哥和姐姐。因为所有值得保存的相片里，我是不存在的。

我曾写下过很多与祖母有关的文字，但那些文章常常不能令我满意。在她的庇护下，我没有受到一点点欺凌，也因为她我在那个年代能吃到的东西比其他人都多。郊区是一个有意义的地方。那里晚上很黑，手电筒几乎没作用。走在那种窄窄的泥路上，心里会发虚，可能在你并没有留心的时候你已经踩进了水沟。

这地方是一个十足的游乐园，我常常拿田里的一切作为我的游乐项目。我开始逃窜于大棚和小棚之间，有时候在地上抓一把草莓，和伙伴们继续在小道上奔跑。

田野，一个美丽的地方。我们奔跑，我们向往一个没有目的地的城市，但始终走不出泥土、房子和铁路。那地方之所以好，差不多是因为远离尘嚣。我还可以像堂吉诃德一样，假装自己是一名骑士。我倒不是为了仗义救人却喜欢投身于一场未知的冒险中。

我的每趟旅行都会事先做出选择，然后执意在选定的方向中找寻一点有趣的经历。比如有一次我靠近一头山羊，我们交谈，我们拥抱。结果那山羊准备跟我走了，而跟在远处的妹妹因为摸了一下狗屁股而被群追一番，她就差把眼泪哭出来，也因为我这个做姐姐的带去玩这种游戏，而被我的小姨狠狠地骂了一通。

在现代的小孩子苦苦学习的时候，我大大荒废掉自己的幼年时光，在这乡间美景中恣意地生活着。而这看似并不起眼的幼年就是我这一生中最大的财富。

我发觉，人总是喜欢从过去或者失去的东西中挑些金子，却不知道曾经不被看好的事，有朝一日却会被如此重视。而我也活到人生那 1/4 的寿命上了，我觉得时光飞速再加 25 年也在弹指之间。但话说回来，过去总是美的。

我们虽然不能接受已逝的东西，却很乐意寻找悲伤的负面。不是因为寄居在乡村间的几年时光，我不可能尝到生活的滋味。我在人类效仿能力最强的几年间，认知了那些金银飞舞的小豆子，它们叫做萤火虫。它们很美却单纯，像我用新买的灯笼把它们收集起来一样，我渴望看见它们友好的群居生活，渴望它们能明白原来集体的力量往往比单个飞远来得强大，结果在我的灯笼中只留下生命的残骸。我悲痛，我询问，那些大人告诉我说:"发光的生命本是短暂的。"

我在那阴森又恐怖的弄堂里等待过天明。雨在我面前漫步,透过光线缓缓抬头,能看见它留下一条透明的去路。我常常找我的祖母一起睡,那是我最幸福的时刻,因为我将施展自己的小手在那被蚊帐收买的空间里,抓住几个没用的逃兵。行刑之后,我总要躺在祖母的怀里,听完美丽的故事才能入睡。

我的生活很丰富,而且不必任何人来束缚我。也许是自己先陶醉,而忘乎庞大的周围有渺小的一切。我爬上吊顶用的叉车,爬进用水泥凝固起来的大型管道中,好像世界就那么一丁点大,却能畅想无尽的未知。

那天正下着雪,我从房子里拿出一个脸盆,堆满雪就把自己送进下水管去。当然,管子没有"下水"之前是在陆地上的,而且堆得很高,横排是参差不齐的,一个小孩子很容易上去。我从左边的第一个管道里进去,一个接一个地路过,找到差不多高度的地方,蹲下来。雪一直下,我在管道的口子上堆一堆积雪,这表示我已占领了这个地方。我用它来观察外来人员的行踪,以便时刻保持警惕,不被人发觉。就在这个时候父亲到来了,他命令叉车把这批管子装走。我明显感到自己的身体在摇晃,我的呼救声让他们担忧起来。甚至,我差一丁点就被吊在了空中。

那时候烧饭就用酒精灯,毽子就是几根鸡毛加两片铜板。

我还开过摩托车,感觉到将会发生的事故。结果成了负伤回来的战士,我的舅舅为了保护我撞掉了两颗牙齿。他的墨镜在田野中,闪烁刺眼的幽光。那是我大姨对我讲的话,我每天晚上都会接受一个家庭医生对我头部的治疗。我好像隐约还会感到一丝疼痛,而两条练就了铁头功的草狗不知道下场如何。离开后满地的鲜血写着我的童年。

我的身边充满了侠士与奇幻的色彩,而且我乐意久久地陶醉其中。这使我有了一个充实而绚丽的宫殿式生活。这也是诗歌材料中最初的雏形。

我的祖母离开以后,我就搬回到城里去住。通常我会被寄托在一个四合院里,不用说最小的人将会睡在阁楼。那是我第一次接触到梯子,一架结构不完整的木梯子空空荡荡地架得很高。我怀疑那晃动的呻吟会阻止我上楼,结果在我半推半就的担心中,有人克服了我害怕的心理。实际上阁楼上面有一扇硕大而明亮的天窗,这绝对是一个私有的天地。从那时候起,我每个晚上都和我的姐姐一起数着星星。而后来的十几年时间里,这地方被征用了。我曾路过此地,暗自猜想我的姐姐是否也会同我一样,感受着不舍。

实则,我没有办法留住古老的东西。就像这成人生活,还在继续。为这条曲线的延伸,我们都付出过努力。有些人害怕平淡的日子,有些人离人很远。在这个安静的晚上,我回忆数着星星的样子。那些值得与不值得的离去,未必会找到更好的开始。每个人都有这样一些故事,成长的经历也将永恒而不衰竭。

NO.5 写给妈妈的诗

一

空虚的双轨

再也没有什么可以隐瞒

烟囱上走着灰色的云

巨石压住我

如果我知道

一场暴风雨严厉的批判

灵魂就藏在那里

一个生命

将与日出一起到达

而后的时辰

马灯摇晃着黑夜

把驴的身影拉成光明的使者

而我,意识到弯曲在大街上

渴望像蟒蛇一样勒紧

那些封杀的过去

早已从指缝中泄露

这黑夜,真理像一团迷雾

没有人告诉我

上车的地方在哪里

二

我看见

这巨大的子宫里

黑暗是它的底色

延续着一个形体之外的另一个形体

没有人再给尘埃粉饰

只有路

直到登上那又破又烂的

塔楼

三

房间里留着回音

没有一种语言

没有人

呼啸不灭的抱怨

指缝中的光

流失的谎言

生铁与黑夜

那些过往

一个个破碎的字母

四

河流因我而停下

如果时间像一朵花

我要求青春

温和而残酷

那只会唱歌的舌头

没有人拿来听

一个黑色的早晨给了我机会

谁能告诉我

上车的地方在哪里

五

身体是琥珀色的

关灯后就是黑夜

没有人按下残缺的头颅

在夹缝中回避

收留的苦恼

它们像抽空的针管

写着虚构

为这,我是第一个到来的人

进不了门

这梦和象征

没有人拥护沼泽

六

我早就看见风景

他们不敢相信

他们不敢相信

有人出没于新鲜的地方

那是另一个世界

城门洞开

生物在排队

我知道

在不久的将来

我将以我的身份喊出:妈妈

雪芹絮语

◆幸福是一种感觉,感觉到便是存在:我们相信无数个过去,翻越从未登顶的高山,推敲某些真某些假某些期望与怀疑,距离在时间的内部缩短,却忘了——幸福是自己给的,制造不安的也是你。

◆渴望将心的距离拉近,近到足以贴着每寸肌肤,每瓢水和一点点灵魂的燃毁。可我们越想接近和了解的往往迫不及待地形成了沟壑。欢笑,使你不必逗留在渴望的边缘,一步一步走到爱过的人面前,请给爱一种名义——剥开伤害,看见施予。

◆有时候我们并不是不想去解决问题,而是面对问题常常出现截然不同的两座城堡。你可以幻想它的充实、虚无,不忍破坏已定的钟声,继而沿途追去,直到我们都因为拥有和保护不得不松开了手,也没有想到是爱的相似将彼此支开。

◆对于相逢这种说法,无论这种缘分的存在是否合理,我以为最深层的情感必含真意,而这份真意本身,已然是生命的恩赐和贵重的礼物。

◆很多东西只能在不了中告终；或许一种事实留一点糊涂，就留了一种退路。那真正的快乐，就是用一些琐碎的事物拼凑起来的微小细节。

◆拥有胆识，往往已跨上成功的阶梯。有时候成功并不是不会到来，只是它要来的时间正好不是你所期望的那几年。

◆生活本身就是不自由，是我们自己在创造自由。昨天就像是翻开了一张填满历史的扉页，越往后越清晰。对于不甘心和不想做的事，最好像丢弃垃圾一样不要顾及，也不要试图以自我的思辨去捕捉他人的口语，因为毫无意义。

◆眼泪是花香散播的蜂蜜，是大海枯竭的动力，是天气变坏的经历，亦是一切悲欢的记忆。当我们懂得从别人所拥有的东西里谋取智慧的时候，别人正同样从我们狭隘的清纯里挑拣骨头。只有自信的人眼中没有忧伤。

◆凡事随意一点，收获效益多点；凡事过于较真，心痛忧虑不少。产生距离的不是距离本身，而是心中已没有了看守距离的秘密。